事例で学ぶ
発達障害者の
セルフアドボカシー

「合理的配慮」の時代を
たくましく生きるための理論と実践

片岡美華
小島道生
【編著】

金子書房

はじめに

　2004 年に発達障害者支援法が成立してから十余年が経過し，発達障害支援の拡充や特別支援教育の充実が図られています。障害の早期発見・対応は，二次的な障害を防ぐうえでも重要であり，幼児期からの切れ目のない支援は欠かせないものとなっています。幼少の頃は，保護者や教員を中心に周囲がいかにその子を理解し，支援していくかに着目されますが，年齢が上がるにつれ，当事者の視点が出てきます。たとえばそれは，自分の苦手さに直面したときに，その困難さ（障害）をどう受け止めるのかであったり，困難さを軽減するための支援を自ら選択したり，決定したりしていくことです。とりわけ青年期の自立においては，自主性が求められる大学や職場，そして生活の場において当事者が自らの特性を理解し，自分に合った支援を周囲に求められるよう働きかけることが必要となります。これは，「セルフアドボカシー」として欧米で広く浸透しており，日本でも知的障害や医療現場などで知られてきました。しかし，日本の発達障害者支援では，いまだ新しい用語であり，考え方であると言えるでしょう。そしてこのセルフアドボカシーは，2016 年度から施行された障害を理由とする差別の解消の推進に関する法律（以下，障害者差別解消法）によってさらに注目されるものとなっています。なぜならこの法律は，合理的配慮の提供について規定していますが，合理的配慮を得る際には，当事者からの「意思の表明」があったときとされているからです。つまり当事者が「バリアがあるから取り払って！」と声を上げることで，「あなたに合った支援」が検討され，支援獲得へとつながっていくのです。この背景には，国連で採択された障害者の権利に関する条約への日本の批准があり，この条約によって当事者主体の考え方がより堅固なものとして広まっています。今後，当事者自ら"「合理的配慮」を求めていく時代"に突入することからも，セルフアドボカシーは欠かせない力とも言えるのです。

　本来「あなたに合った支援」は，あなた自身が一番分かっているはずなのですが，自分のことを理解し（自己理解），それを伝えること（提唱），すなわちセルフアドボカシーは，言うほどに容易ではなく，発達とともに獲得され，ま

i

た教育することで補強されていきます。そこで本書は，第Ⅰ部理論編と，第Ⅱ部実践編，そして第Ⅲ部当事者からの提言という三部構成とし，青年期を中心とした発達障害の当事者，家族，教員（支援者）に対してセルフアドボカシーを解説し，その力を付けるための方法を紹介しています。具体的には，第Ⅰ部第１章では，「セルフアドボカシー」という語の概念について用語の整理や歴史的背景，海外での実践例を示したうえで，合理的配慮との関連を解説しています。第２章では，セルフアドボカシーの１つ目のポイントである自己理解について心理学的，教育学的視点から解説しています。続く第３章では，２つ目のポイントと言える提唱力についてコミュニケーションの発達と障害，それを受け止める周囲の理解について解説しています。第Ⅱ部では，セルフアドボカシーの力を付けるには，どのような取り組みをしていけばいいのか，先駆的な実践事例を５例紹介しています。まず，直接的にセルフアドボカシーの力の獲得を目指して実践した事例１，自己理解に着目し，自分の思いを大切にした事例２，進路指導と関連させた事例３により，これから実践するうえでの具体的なアイデアや，実践上のヒントを示しています。さらに，セルフアドボカシーにおいて切り離せない診断告知について医療現場から報告した事例４，セルフアドボカシーを受け止める側に着目し，障害理解を促す実践を紹介した事例５と続きます。なお，各事例の末ページには解説があり，実践のポイントを示しています。第Ⅲ部では，セルフアドボカシーの主体者である当事者からの助言として，自らの体験談や考え方の示唆により，今後セルフアドボカシーを行使する当事者や，それを援助あるいは受け止め支援提供していく支援者が，どのようなことに留意すればいいのかを考えていけるようにしています。

　本書は，発達障害者のセルフアドボカシーに着目した点で新しいテーマを扱っていると言えますが，近年注目されている合理的配慮や自己理解に視点を当てているところが特徴と言えます。そして何よりも，当事者が主体となるべきテーマであることから当事者自らが語る場を盛り込んだことで，多面的に検討できるように構成しています。

　本書が当事者と支援者に対する応援書となれるよう願っています。

2017 年初夏　　　　　　　　　　　　　　　　　　編著者　片岡　美華

CONTENTS

はじめに　i

第Ⅰ部　セルフアドボカシーの理論

第1章

セルフアドボカシーと合理的配慮 ……………………………… 片岡美華　2

1. セルフアドボカシーとは　2
2. セルフアドボカシーの概歴　5
3. セルフアドボカシーと教育　7
4. セルフアドボカシーと合理的配慮　15

第2章

発達障害児者のセルフアドボカシーを支える自己理解

第1節　心理学の視点によるセルフアドボカシーを支える自己理解 …… 小島道生　24

1. 自己理解の発達　24
2. 発達障害児者の自己理解の特性　26
3. 発達障害者の自己理解の支援　29
4. 発達障害児者のセルフアドボカシーと自己理解　31

第2節　教育的視点によるセルフアドボカシーを支える自己理解 ……… 片岡美華　34

1. 教育における自己理解の必要性　34
2. セルフアドボカシーを支えるための自己理解教育　36

第3章

セルフアドボカシーと提唱力 …………………………… 吉井勘人・片岡美華　41

1. 言語・コミュニケーションの発達　41
2. 障害とコミュニケーション──自閉スペクトラム症（ASD）を中心に　47
3. セルフアドボカシーに求められる提唱力とは　52
4. セルフアドボカシーを取り巻く周囲の理解
   ──セルフアドボカシーを成功に導くために　55

iii

第Ⅱ部　セルフアドボカシーの支援の実際

`実践事例 1`

他者に思いをしっかりと伝えられる自分づくりの支援
―「セルフアドボカシー教育プログラム」を受けた高校生の事例を通して― ···· 金丸彰寿　66

1. はじめに――事例の概要　66
2. SA プログラムの概要――学習活動とねらい　67
3. SA プログラムにおける A 君に対する支援の経過　68
4. SA プログラムの成果と支援の考察　74

実践事例 1 の解説 ·· 片岡美華　77

`実践事例 2`

自分の思いに気付くための支援
―活動の切り替えに時間がかかる B 君の事例を通して― ························· 北岡大輔　80

1. はじめに　80
2. 事例の概要　80
3. 支援のねらい　81
4. 支援の経過　84
5. 支援に対する考察　84
6. おわりに　87

実践事例 2 の解説 ·· 小島道生　88

`実践事例 3`

肯定的な自己理解と主体的な進路選択のための支援
―セルフアドボカシースキル学習の実践を通して― ··································· 川尻友美　90

1. はじめに　90
2. 事例の概要　90
3. 支援のねらい　91
4. 支援の経過　91
5. 支援に対する考察　98

実践事例 3 の解説 ·· 小島道生　101

実践事例 4

医療現場での発達障害者のセルフアドボカシーの支援
―'わたし'についてのレポートと親子へのインタビューからみえること―……小谷裕実 104

1. はじめに　104
2. 事例の概要　104
3. レポートからみる医療現場での支援　105
4. インタビューからみる医療現場での支援　111
5. 医療現場でのセルフアドボカシーの支援　116

実践事例 4 の解説 …………………………………………小島道生 119

実践事例 5

セルフアドボカシーを支えるための周囲の理解を促す支援
―高校生ボランティア養成講座を通して―………………………福元康弘 121

1 講座の概要　121
2. 講座の目的　123
3. 講座について　124
4. 講座に対する考察　130

実践事例 5 の解説 …………………………………………片岡美華 132

第Ⅲ部　当事者からのメッセージ

当事者に「自分で支援を求めなさい」と言われても
―合理的って，そもそもなに？―………………………………神山　忠 136

おわりに　159

著者紹介　161

編者紹介　162

第 I 部
セルフアドボカシーの理論

第1章

セルフアドボカシーと合理的配慮

片岡　美華

1　セルフアドボカシーとは

(1) 用語について

　セルフアドボカシー（self-advocacy）ということばを聞いたことがあるでしょうか。多くの方には，あまりなじみがないかもしれません。「セルフ」とは自分（自己）のこと，「アドボカシー」とは「権利擁護」とされることが多く，このことから「セルフアドボカシー」は，「自己権利擁護」と訳されます。

　しかし他にも多くのことばで表現されることがあります。たとえば「当事者活動」「当事者運動」「本人活動」などがあり，後述する歴史的背景から「ピープルファースト」と言われることもあります（立岩・寺本，1998）。自己権利擁護を含めて，これらのことばは，主に障害者福祉の分野で使われていると言えるでしょう。また医療の現場でも，患者本人が治療などについての意思を伝えることとして，セルフアドボカシーの語句や考え方が出てきます。教育の分野では最近，発達障害を巡って「支援要請」ということばが，関連語として使われるようになってきています。

　セルフアドボカシーは，「アドボカシー」のうちの1つの形と言えます。「セルフ」ということばが付くことで，権利の主体者である当事者が行うということが強く伝わります（橋本，1996）。アドボカシーの分類は，セルフアドボカシーに加えて「シチズンアドボカシー（市民として参加していくための権利擁護）」，「パブリックアドボカシー（公的な責任においての権利擁護）」，「リーガルアドボカシー（法律にかかわる権利擁護）」としたり（曽和，2008），「個人

のためのアドボカシー（行政に対して働きかけたり，権利や利益を主張することを学ぶための援助）」，「システムアドボカシー（機関や体制への働きかけ）」，「法的アドボカシー（法律の制定や改正を促す活動）」ということばで分類することもあります（河合，1993）。いずれにせよ「セルフアドボカシー」を含めておおよそ4つに分類されることが多いようです。

(2) 定義について

　アドボカシーの考え方は，欧米から入ってきたものです。そして，先ほどの分類で示したように，対象の範囲も広く，その定義は，さまざまな表現で説明されます。少し難しいことばがでてきますが，例を紹介します。アドボカシーとは，「擁護，代弁，弁護とし単に個人の意志を代弁するだけでなく，自分自身で権利を主張できない当事者にとって自己決定を援助するとともに，本人の自己決定に基づいて本人にかわってその権利を擁護するための様々な仕組みや活動の総称」（鈴木，1999，p.70）であるとされています。また谷村（2011）によるとアドボカシーを「①侵害されている，あるいは諦めさせられている本人（仲間）の権利がどのようなものであるのかを明確にすることを支援する，②その明確にされた権利の救済や権利の形成・獲得を支援する，③それらの権利にまつわる問題を自ら解決する力や，解決に必要な様々な支援を活用する力を高めることを支援する方法や手続きに基づく活動の総体」（p.91）としています。

　では，セルフアドボカシーの定義はどのようになっているのでしょうか。たとえば，立岩・寺本（1998）は，「自分の権利を自分で護ること」（p.92）であり，「法的な手段を行使して自らの権利を護ることだけでなく，例えば身辺にかかわる決定を自分で行うこと等，日常的な自己主張の権利」（p.92）をも含めた形で捉えています。津田（2002；2003）は，特に知的障害のある人が自身の権利をまもることを目的として，本人が行う活動であることを強調し，本人によって意味づけられるとしています。後述するように，アドボカシー運動は，知的障害のある人を中心に発展してきましたが，病気の患者さんやその他の障害を含めてマイノリティの人たちが，自らの権利をまもり行使するための手段として用いられていると言えるでしょう。そして共通するキーワードと

第Ⅰ部　セルフアドボカシーの理論　　**3**

して，権利を行使するための「自己決定」が挙げられます。自己決定は，現在，インクルーシブな社会において障害のある人が主体となるには，とても重要な考え方です。曽和（2008）は，「障がい者の権利擁護（アドボカシー）とは，その当事者の生き方における自己選択と自己決定（self-decision）を中核とする社会的生活の自立を保障するために，個人や仲間が必要な支援を行う活動である」（p.64）としています。しかし，立岩（2000）が指摘しているように，決定するための選択肢の出し方は，実は，支援者との関係の中で決まってきます。つまり，示された選択肢が，果たして本当にすべての選択肢を表しているのか，「あなたのためを思って」すでに支援者によって選択された中からの選択肢なのか，ここで大きく変わるわけです。このことから，支援対象者に示されている支援が適切なものか，そして自らの権利をまもることにつながるものかを，支援を受ける障害のある人は，判断することが問われるわけです。

一方，早くから障害のある人が大学などに行くようになったアメリカでは，発達障害のある人に対するセルフアドボカシーが唱えられています。セルフアドボカシーを行うための力を特に，「セルフアドボカシースキル（自己権利擁護力）」と言いますが，Brinckerhoff, McGuire, and Shaw（2002）は，これを自分の状態を自分で説明できる力（他者への理解を促す力）と自分が必要とする支援を他者に求められる力のおおよそ２つの力で説明しています。

発達障害のある人は，その状態が多様であり，また支援方法も多岐にわたっています。さらに，外見からその困難さを判断することが難しいため，自分でその状態を説明しないことには，障害があることすら第三者に伝わりません。そして，同じ診断名であっても，認知特性や生活経験，置かれている環境などにより，できることとできないことに大きな違いがあることからも，何を求めるのかを自ら伝えることが支援獲得につながることとなります。しかしながら，自分の求めることを第三者に伝えるのは容易ではなく，伝えるためには，まず自らがその内容を理解することが必要になります。こうしたことに注目し，片岡（2010；2014a）は，セルフアドボカシースキルを以下の２点を中心に定義づけています。１つは，「自分一人でできることと，周りの支援を得てできることがわかる力」，すなわち現在の自分の状態や障害特性が理解できることです。もう１つは，「何を，どのようにしてほしいのかを他者に求められ

る力」であり，具体的にこういう支援をお願いしたいと相手に提唱していく力であるとしています。本書では，これに基づき，自己理解と提唱力をキーワードにセルフアドボカシーを考えていきたいと思います。

2 セルフアドボカシーの概歴

(1) 欧米諸国の歴史

　知的障害のある人が自らのために活動するセルフアドボカシー運動は，大きく2つの流れがあると言われています。1つは，その源流となった北欧から派生したものと，もう1つは，北米を中心としたものです。

　立岩・寺本（1998）によると，1960年代のスウェーデンで「全国知的発達障害者・児童・青少年・成人協会（FUB）」という当時の親の会が主導となり，当事者が余暇活動について自ら決定したり話し合ったりするための練習を始めました。これが発展し，1968年に初めての当事者による会議が開かれたことがセルフアドボカシー運動の最初とされています。そして1970年代に入ると，ノーマライゼーションの考え方とともにヨーロッパに広がり，さらには北米への運動へとつながっていきます。北米において特によく知られているのが，1974年アメリカのオレゴン州で開かれた集会です。ここで障害者ではなく，まず人間として扱ってほしいという「People first（ピープルファースト）」ということばが生まれました（立岩・寺本，1998）。

　こうした出来事が起こることとなった背景には，大規模で隔離された場所に障害のある人を「収容していた」ことから，その処遇を見直す動きが始まったことがあります。このときに動いたのは親であり，河合（1993）によると，1933年のアメリカでは，公立学校から除外されていた地域の子どもたちを支援するために，現在の「障害者とその家族の権利を擁護する団体（Association for Retarded Children：ARC）」が設立され，これがアドボカシーの起源であるとしています。こうした動きが1950年代以降にヨーロッパをも含めて広がりをみせ，親の会の設立や，施設の処遇改善を求める運動となりました。これが，ノーマライゼーションやアドボカシー理念の起こりとされています。この

第Ⅰ部　セルフアドボカシーの理論　**5**

動きはのちに，1970年以降の脱施設化として，障害のある人も地域で暮らすこと，そのために環境や制度を整えていくという流れにも発展していきます。並行してアメリカでは，1950年代に公民権運動が高まりますが，こうした動きの中で多様な人々の人権に関心が広がり，法制度の整備や国連の障害者の権利宣言（1975年）などへとつながっていったのです。特に注目されるのは，アメリカの1973年のリハビリテーション法第504条や1990年の障害をもつアメリカ人に関する法律（Americans with Disabilities Act：ADA）であり，障害者の権利をまもるための根拠を築いていったと言えるでしょう。

(2) 日本における展開

日本においては，その源流を1950～60年代の青年学級であるとしているようですが，当時の青年学級での取り組みは，養護学校卒業後の卒業生の集まりという余暇活動の意味合いが強く，自治会やサークル活動についても職員主導であり，当事者主体ということになりにくかったようです（立岩・寺本，1998）。そうした中から初めて，知的障害のある人の声に耳を傾けたのが，1980年の岡山県精神薄弱者育成大会とされ（保積，2007），こののち，当事者の意見を取り入れるような実践が個々に起こっていきました。しかし障害のある人が組織運営を含めてより主体的に活動していくような当事者活動は，1990年代に入ってから本格的に盛んになったとされ（立岩・寺本，1998），このことからも日本でのアドボカシーの歴史は浅いと言えます。

セルフアドボカシーについて注目すべきは，1989年に金沢で行われた全日本手をつなぐ育成会全国大会での当事者による意見発表であると言われています。そしてこの後，さまざまな大会でも企画や運営などにも当事者が参加する機会が増え，日本でのセルフアドボカシー運動が広がっていきました（保積，2007；立岩・寺本，1998）。当事者活動では，自らの生活の権利を主張し，人生設計を共にしていく仲間として知的障害のある人が複数集まり，会の代表となって計画実行するという主体者であったことが特徴です。このことにより，当事者が法制度について学ぶ機会を得，情報交換し，感情を共有するとともに，コミュニケーションや社会的スキルを学ぶ場にもなったのです（保積，2007）。

しかし日本の場合は，こうしたセルフアドボカシー運動がなかなか法制度に
結び付くことがなかったようで，アドボカシーについては精神薄弱者福祉法
（1970年，1999年より知的障害者福祉法）で触れられている程度で明確な規
定がないままとなっていました（河合，1993）。なお河合（1993）は，他にも
アドボカシーに関わって，民法の見直しや福祉制度の見直しについても指摘を
しています。このような中で大きな転機となったのが，国連の障害者の権利に
関する条約（2006年12月13日国連総会採択）です。日本は，2014年に批准
し，それに伴う国内法の整備により発展を遂げました。たとえば障害者基本法
では，2011年の改正に際して，国や政府が障害者施策を行う際に，当事者の
意見を聞き，尊重しなければならない旨を示しています（第10条2項）。こ
のように，セルフアドボカシーの考え方や取り組みは，日本においても大きく
前進しようとしているのです。

3 セルフアドボカシーと教育

（1）日本の教育分野での現状

　セルフアドボカシーは，先に述べたように，福祉や法律，医療の分野でこれ
まで発展してきました。しかし最近は，教育の分野においてもセルフアドボカ
シーが注目されています。
　そもそも，特別支援教育の理念には，自立や社会参加に向けて持てる力を高
めるとありますので（文部科学省，2007），セルフアドボカシーと直結してい
るとも言えます。なかでも，2009年3月告示の特別支援学校学習指導要領
（文部科学省，2009a）においては，自立活動の6分野の中で，たとえば「3
人間関係の形成」(3) 自己の理解と行動の調整に関することや，「6　コミュ
ニケーション」が，セルフアドボカシーとも大いに関係します。また，自立活
動の具体的な指導内容を設定する際の留意点として「エ　個々の児童又は生徒
が，活動しやすいように自ら環境を整えたり，必要に応じて周囲の人に支援を
求めたりすることができるような指導内容も計画的に取り上げること。」(p.68)
と，その用語こそ使ってはいませんが，まさしく，セルフアドボカシーについ

第Ⅰ部　セルフアドボカシーの理論　　**7**

て述べています。特に 2009 年の学習指導要領の改訂では，ICF の障害概念に基づき，環境整備が意識され，また，主体的に活動できるようにすることを目指していることから，先の留意点についても新たに示されたものです（文部科学省，2009b）。「特別支援学校学習指導要領解説」では，この環境を整えて活動しやすいようにする場合において，本人が行う場合と周りにお願いする場合を想定しています。主体性という面からは，本人自らできることが求められますが，その場合も段階的にできるようにすることを指導の留意点としています。さらに，お願いして環境整備を行う場合には，依頼の方法を教えるにとどまらず，その結果が自分にとって本当に調整されたものなのか判断できることや，再度依頼していくことを体験的にも学べるようにすることを求めています。そして，依頼するばかりではなく，依頼を受ける経験も積む中で，依頼を受ける側の気持ちにも配慮できるよう指導していくことが重要とされています（文部科学省，2009b）。これらの内容は 2017 年 4 月告示の「特別支援学校学習指導要領」（文部科学省，2017）にも引き継がれています。

　特別支援教育では，むろんのこと，通常の教育においても求められているキャリア教育でも，セルフアドボカシーと関わる「自己の抱える学習や社会生活上の困難について総合的に適切な認識・理解を深め，困難さを乗り越えるための能力や対処方法を身に付ける」（中央教育審議会，2011，p.41）ということが述べられています。キャリア教育はそもそも，「一人一人の社会的・職業的自立に向け，必要な基盤となる能力や態度を育てることを通して，キャリア発達を促す教育」（中央教育審議会，2011，p.16）とされています。その中の「社会的・職業的自立や社会・職業への円滑な移行に必要な力を明確化する。」（中央教育審議会，2011，p.16）という視点に含まれる要素として「基礎的・汎用的能力」があります。そしてこの能力の中に「自己理解・自己管理能力」が含まれ（中央教育審議会，2011），ここがセルフアドボカシーと大いに関係してくるものと言えます。キャリア教育は，幼児期からの継続的な教育が必要とされますが，特に青年期には，現実的な問題として進路や職業選択という形で直面する課題となります。障害の有無に関係なく，その選択が理想通りできるとは限りませんが，障害がある場合は特に，自分のことを理解していることが進路や就労の実現に向けた支援要請を行う「提唱力」に結び付き，次の行動

8

へと導くものと言えるでしょう。

(2) 発達障害児・者のセルフアドボカシーを高める
　　教育の方向性と課題

　片岡・金丸（2013）は，発達障害とセルフアドボカシーに関して，その背景に発達障害児・者への支援がライフステージを通して行われるようになったことを挙げ，最終的に自立していくには，自分一人でできることが分かること，他人の支援を得てできることが分かること，そして，支援を得るために行動できることを挙げています。むろんこれらは，発達障害に限ったことではなく，ほかの障害にも当てはまることではありますが，発達障害においては特に重要だとしています。高橋（2014）も，「自分の特徴（得意，不得意）を関係者に説明し，必要な配慮を求めるスキル」は，「卒業後の自立に向けて最も重要なスキル」（p.5）と言えるとし，「支援要請スキル」としてセルフアドボカシースキルとともに述べています。

　自分一人でできること，支援を得て分かること，というのは，つまり自分のことが分かるという自己理解につながります。自己理解については次章で詳しく述べますが，自分のことを適切に理解することは，簡単なことではありません。また，欲しい支援がいつでもどこでも一律に得られるというわけではないことから，今置かれている環境や状況に応じてうまく支援を得ることが求められ，柔軟性や状況判断が伴います。これらは，発達障害のある人にとってハードルとなる場合があります。そして，いざ，支援者と巡り会えたとしても，支援を得るための表現がうまくできずに，「ケンカ腰」と受けとられ，「権利の主張」が「煙たい主張」となり，支援を得ることができないという場合も想定されます（片岡，2011）。このことからも，セルフアドボカシーをスキルとして身に付ける必要が出てくるのではないかと考えられるのです（片岡，2011；片岡・金丸，2013）。

　では，セルフアドボカシーは具体的にどのように身に付けさせていけばよいのでしょうか。教育方法についての研究があまりない中で，McDonnell, Kiuhara, and Collier（2010）は，知的障害を含めた発達障害のある生徒や学生に対してセルフアドボカシーと自己決定のスキルを養う必要性を述べています。

そのためには，長所と短所，その人の障害が今後どのような影響を与えるかについて明確に知っておくことや，高校や大学での学業における成功のための支援についてしっかり理解する機会を設けること，そしてその必要な支援について教員にどう説明すればいいか知らせることが求められるとしています。一方，日本では，概歴で述べたように，これまでは主に成人を対象に，本人活動やそれを支えるための取り組みが行われてきましたが，学校や大学等で行えるような教育的プログラムについては開発途上にあると言えます[1]。また，セルフアドボカシーは，自己理解や障害告知，提唱力（言語力）といった複数の事項が関わることからも，心理カウンセリング的なアプローチがとられることが多く，学校外での取り組みになりがちです[2]。しかし同じような悩みをもった「なかま」との出会いや，なかまとともに学びあえるような状況を作っていけると，当事者集団そのものの力をより高めていけるのではないかと考えます。そしてこれを実現するには，学校という場が期待できるところであると思うのです。そこで，海外での実践例をもとにその方法を知り，日本での実践への可能性を探りたいと思います。

(3) 海外におけるセルフアドボカシー教育の取り組み

セルフアドボカシースキルを付けるための教育に取り組んでいる場として，アメリカのバーモント州にあるランドマークカレッジ（Landmark College）があります。以下，片岡（2010；2013）と片岡・玉村（2009）を参考にその取り組みを紹介したいと思います。

ランドマークカレッジは，学習障害（LD）もしくは注意欠如多動性障害（ADHD）の診断をもった学生のみが入学できる2年制の大学です。障害がある学生のみを受け入れていることから，さまざまな支援が用意されており，カリキュラムも工夫されています。大学での支援の詳細は片岡（2008；2010）の論文にゆだねるとして，この大学独自の取り組みとして行われている，初年次教育科目群の一つ，『学習の展望』という科目が大変興味深いものなので紹介します。

この科目は，認知，対人，感情，文化といった側面から理論を伝えるもので，学習スキルに加え，自己認識の向上（develop self-awareness），批判的思

表 I-1-1　『学習の展望』で学ぶ内容（片岡・玉村，2009 より作成）

領域	内容
学習と脳	講義の概要，脳機能，適応，発達と記憶など
学習に与える要因	認知，注意，動機づけ，IQ，睡眠，栄養，ドラッグとアルコールについてなど
自己と学習者の原理	LD の文化的，社会的関連とセルフアドボカシーについて

表 I-1-2　『学習の展望』の評価（片岡，2013, p.80）

評価内容	割合（%）
２週間ごとの小テスト，単元ごとの試験，評価のための討議，オンラインアセスメント	20
授業への参加，出席，グループ活動への寄与	20
方略の活用（アクティブ・リーディング，テクノロジー支援の活用（パソコンソフトなど），資料整理・管理	15
週ごとの記述レポート（要約，感想・日誌，プロジェクト（モデル，プレゼンテーション，創作，ディベート））	25
最終（期末）ポートフォリオ，最終プレゼンテーションもしくはプロジェクト	20

考（critical thinking），方略的学習（strategic learning），セルフアドボカシー（self-advocacy）を養うことを目的にしています。そして 110 分間の授業を 1 週間に 2 回行う中で，大きく 3 つの領域を扱っていきます。表 I-1-1 に概要をまとめました。

　また，この科目は，評価も工夫されています（表 I-1-2）。

　ランドマークカレッジでは，すべての学生に診断が出ていますが，だからといって，自らの障害特性や，まして障害が自分にどんな影響を与えているのかということについては，知らない学生がほとんどです。そこで，障害の背景にある脳機能や心理学などを学ぶことで，自分の苦手さや障害の特徴を科学的に知っていくこととなります。学生によると，これまで，障害があることや，個別の支援を受け続けてきた自分を恥ずかしいと思っていたり，自分はダメなんだと思ってきたりしていたのが，脳科学を学ぶことで，自分のせいではないことを知り，自己を受け入れていく姿へとつながっていったそうです。また，周りの学生皆が，障害をもっていることから，それを隠す必要もなく，なかまがいるという安心感をもつことができたということでした。

第 I 部　セルフアドボカシーの理論　**11**

さらにこの科目の重要な点が，1年生（初年次）前期の必修科目であるということです。この大学に来た経緯は，別の大学に行ったけれどもうまくいかずに転学してくる場合や，教師や親に言われるがままに入学した場合などさまざまです。しかし共通して言えることは，これまで受身的に支援されてきた学生であり，その中でも多くの失敗経験を積んできているということです。それに対して，まずは授業そのものをユニバーサルデザイン化することで，可能な限り多様性に応じ，失敗しないような予防的対応を行ったうえで，それぞれの学生が力を発揮できるように進められていきます。さらに，評価においてもユニバーサルデザインの理論が活用されており，自己評価を含め，多様な評価方法を用いているのが特徴です。表Ⅰ-1-2を見ても，アメリカでも一般的には認められない，「授業への参加や出席」が評価項目になっています。「出席」には，物理的に授業に来るだけではなく，遅刻をしないことや，授業で発言したり主体的に参加したりすることも含まれていますが，このようなことばの背後にある意味も学生に伝えて明確化し，意識づけ，できていれば評価していくという姿勢をとっているわけです。また教員によっては，学生に期末試験問題を作成させ，よい問題は採用するという方法をとっていました。このねらいは，立場を変えることで学びに興味を持たせること，試験問題を考えることで授業について自ら学ぶ必要性を高めること，その授業における重要な箇所を考えることであり，これはつまり授業の要点を知ることにつながります。結果，学生が授業を理解するに従って，試験問題は限りなく教員が作成するものと類似し，教師が理不尽なことを問うているのではなく，そこが重要であるから試験問題となっているのだと学生は理解します。それはこれまでの学習経験とも結びつき，主体的な学習をしてきたかどうかの自らの振り返りとなり，また，どのように試験勉強をすればいいのかという「学び方を学ぶ」ことにもつながっていくのです。

　そして学生は，この授業で培った，さまざまな学習方法（方略）を，他の授業でも活用していき，その結果，学業での成功体験を一つずつ重ねていくこととなります。成功体験については，「自分への手紙」という形で残すよう指導した教員もいました。たとえばそれは，「私はイライラすると感情のコントロールができなくなるけれど，○○すればおさめることができるわ」と記し，

そのうえで，どんな成功体験を積み，そのために何をしてきたか，どれだけ自信になったかを自分に伝え，大切に保管するというものです。学生は，将来うまくいかなくなって自信をなくしたときに，この手紙を読み返し，自分の対処法を思い出して私は大丈夫，と確認するのだということです。こうした「自分のトリセツ（取扱説明書）」は，日本でも行われている実践ではありますが，改めてその効果に期待されます。

　ところで，この『学習の展望』という授業は，セルフアドボカシーを意識した授業ですが，なかでも教師は，「なぜこれが重要だと思う？」「なぜ今この質問をしたと思う？」など絶えず学生に問いかけをします。その問いかけは，学生のメタ認知に働きかけ，常に物事の背景や自分の考えを自ら問う姿勢を育むこととなり，先の学業で身に付けた自信と合わせて，やがてセルフアドボカシースキルが形成されると考えられています。なお，この科目は，初年次を対象としていますが，2年生後期，すなわち最終学年の終わりには，法律や制度，社会を軸に捉えた LD について学ぶ科目（Learning Disabilities Seminar）が選択科目として用意されています。これにより，自己を主軸にした視点から，他者をも含めた集団を軸にした視点へと発展させ，他者から見る障害観や社会での課題，それに対してどのように働きかけるかといった障害者問題とアドボカシーについて学ぶ機会としています。ランドマークカレッジで過ごした期間で得た知識や，教員や先輩から学んだ姿，後輩の世話や自治会の運営など各々の活躍が自信となり，他の障害のある人のためにもがんばりたいという前向きな姿勢やその後の進路選択へとつながっていくのです。

　他にもアメリカでは，LD のある人のためのセルフアドボカシープログラムが開発されています。たとえば Be'er Sheva というプログラムでは，自己認識，決断力，知識，個別のニーズや依頼のためのことばづかいなど，個人の権利への気づきの4つのスキルをつけ，アドボカシーの力を獲得していくものとなっています。小学校の終わりから中学校くらいでこのようなプログラムを行うことでセルフアドボカシースキルを育てているのです（Kozminsky, 2003）。

　他国の授業でセルフアドボカシーと関わるような取り組みをしていたのは，オーストラリアの学校でした。小学3年生程度の自閉スペクトラム症（ASD）

のある児童数名が，通常の公立小学校に通いながら，週に数回，自閉症協会が経営する自閉症学校に通っていました[3]。ここで，自分のこと，たとえば，外見（体について），内面（性格や興味関心など），脳の働き，障害（障害一般と，ASD について）といった内容を"I am Special"（Vermeulen, 2000）というテキストを使って学んでいました。外見や内面については，ボディイメージや自分の得意・不得意などとして，学ぶ内容のイメージがもてるでしょうが，脳の働きや障害という項目については，小学3・4年生で本当に理解ができるのかと思われるかもしれません。実際，脳の情報伝達や，Disease（病気）とDisorder（主に医学的な意味での障害）と Disability（障害）の語の意味と差異，ASD の原因などを扱った内容もあり，文体は平易なものの，本格的な内容となっていました。対象の子どもたちは高い言語力と知能をもっているだけに，しっかりと指導しないと，字面だけを追うことになりかねません。しかし，教員は ASD に対する専門知識と経験があり，それを駆使して指導するため，子どもたちは十分理解できているということでした。さらに重要なのが「なかま」の存在であり，同じくらいの年齢で，診断名が同じだとしても，一人ひとり外見も内面も障害特性も異なること，そのうえで互いを尊重することを話し合いの中で教えようとしていました。日本の小学校ではまだあまり実践されていない内容かもしれませんが，指導のニーズは高いと思われます。

　上述のように海外で先進的な取り組みがなされているといっても，まだまだ授業実践は少なく満足がいくほどのものに出会うことができていません。しかし，セルフアドボカシーの重要性は，国内外どこに行っても話題となります。特に，大学における障害学生支援においては，共通の課題があるようです。

　たとえばニュージーランドでは，4大学を巡りましたが，法的根拠や大学教員への啓発，組織体制整備，支援提供のシステム化など，日本よりも進んでいる点が大変多いです（片岡，2015）。しかし，すべての障害学生に支援が必要だというわけではないことからも，自ら支援を求めなければ，これを得られるわけではありません。このことからも，セルフアドボカシーが重視されており，障害学生支援について書かれたパンフレットなどにもそのことばが必ず出てきています。だからといって，実際にセルフアドボカシースキルを身に付けたり，行動に移すための支援や教育については，具体的な内容や共通したガイ

ドラインがあるわけではなく，個別に促したり（「○○さん（支援室のスタッフ）と会って話したら？」ということばかけ），学生の得意な点をスタッフと共に見つけて支援計画書に反映させたり，学生が支援を依頼するときに人任せにせずに支援スタッフとともに授業担当者に会いに行き，自己紹介や支援をお願いしたりする，にとどまっているようでした（片岡，2015）。

アジアにおいて，日本よりも少し早く障害者の権利に関する条約に批准し，障害者支援が急速に進んでいるシンガポールでは，そもそも大学での支援がほとんどなされていない状況でしたが，それでも，試験時の配慮（拡大用紙，時間延長）やノートテイカー，カウンセリングと並んで，「アドボカシーアシスタント」という支援がありました。これは，支援を得るための行動などを支援するためのものですが，それも自ら支援の必要性を申し出ないことには始まらず，シンガポールのように法的根拠がない場合は特に，支援を受けられないまま時間だけが過ぎていき，本人はつらい思いをし続けるという状況におかれるようです（片岡，2014b）。

このように，セルフアドボカシーについての教育は，そもそも行っているかどうかという差があるようですが，ことばはよく浸透しており，その必要性については共通認識をもつことができました。日本でも事例の構築が求められるところです。なお，日本における先駆的とも言える実践事例については，第Ⅱ部で紹介し，今後の発展につなげていきたいと思います。

4 セルフアドボカシーと合理的配慮

(1) 合理的配慮と「意思の表明」

セルフアドボカシーは今，合理的配慮との関係で改めて重要性が増してきていると言えます。それは，合理的配慮の提供が「意思の表明があった場合」とされているからです。

合理的配慮とは，障害者の権利に関する条約の中に出てきていることから日本で知られるようになった考え方と言えます。英語では「reasonable accommodation」と言い，差別禁止法を定めている国などでは，これまでも行われ

第Ⅰ部　セルフアドボカシーの理論　**15**

てきたことから，格別新しい考え方というわけではなかったようです。たとえば，オーストラリアでは，「合理的調整（reasonable adjustment）」ということばが使われることが多いですが，その内容は合理的配慮と同じで，障害のない人と平等に活動等に参加できるよう調整（配慮）していくこと，そしてそれは合理的であるべきことが示されています（片岡，2012）。「合理的であるべき」というのは，理に適っているということなので，障害があることからくるバリアの撤廃はもちろんなのですが，先のオーストラリアの例では，障害がない人が逆に不利な立場になることも非合理だということで，バランスをとることが重要だとしています。なお，合理的配慮の「配慮」ということばは，『広辞苑』（岩波書店）では「心をくばること。心づかい」とされ，「気づかい」のような，「やんわりしたもの」「気持ちだけでも」という感覚をもつかもしれません。これに対して英語の「accommodation（アコモデーション）」は，なかなか感覚として理解しにくい語だと思います。辞書による accommodation とは「便宜，不足（必要）を満たすもの，解決，援助」（『ジーニアス英和大辞典』大修館書店）などという意味です。しかし，欧米の特別支援教育の文脈，特に就学期の支援に対して使われている会話からは，ちょっと心づかいをお願いするというよりも，強い気持ちを込めた取り決めとしての「配慮」と捉えられるもののようです。

　この合理的配慮ですが，日本も 2014 年に障害者の権利に関する条約に批准したことにより，その提供が求められることとなっています。合理的配慮とは，「障害者が他の者との平等を基礎として全ての人権及び基本的自由を享有し，又は行使することを確保するための必要かつ適当な変更及び調整であって，特定の場合において必要とされるものであり，かつ，均衡を失した又は過度の負担を課さないものをいう」（障害者の権利に関する条約第二条）とされています。これを受けて日本では，新たに「障害を理由とする差別の解消の推進に関する法律（障害者差別解消法）」を 2013 年 6 月に制定し，2016 年 4 月から施行しています。この法律では，障害者を「障害者基本法第二条第一号に規定する障害者」として，障害者手帳の所持にかかわらず，身体障害，知的障害，精神障害（発達障害，高次脳機能障害含む），その他の心身の機能の障害としたうえで，「不当な差別的取り扱い」（第七条・第八条）を禁止していま

す。具体的には，「障害者に対して，正当な理由なく，障害を理由として，財・サービスや各種機会の提供を拒否する又は提供に当たって，場所・時間帯などを制限する，障害者でないものに対しては付さない条件を付けることなどにより，障害者の権利利益を侵害することを禁止」（内閣府，2014，2(1)ア）しており，障害者の事実上の平等を促進し，または達成するために必要な特別な措置は，不当な差別的取り扱いではないともしています。そして，「障害者から現に社会的障壁の除去を必要としている旨の意思の表明があった場合において，実施に伴う負担が過重でないときは，障害者の権利利益を侵害することとならないよう，当該障害者の性別，年齢及び障害の状態に応じて，社会的障壁の除去の実施について必要かつ合理的な配慮をするように努めなければならない。」（第七条 2，第八条 2）としています。

　ここでのポイントは，何かを行う際に生ずるような社会的障壁（バリア）が出てきたときに，「意思の表明」があった場合，合理的配慮の提供を行うこと，その内容は，個々の状況に応じて，過重な負担が伴わない場合に提供することとなります。「過重な負担」とは，事務・事業への影響の程度，実現可能性の程度，費用・負担の程度，事務・事業規模，財政・財務状況に応じて，総合的・客観的に判断することとされており，その内容，提供者の人的・物的状況が異なることからも，明確な線引きをすることは難しいものとなっています。そのため，もし，過重な負担にあたり，求められている配慮の提供が困難な場合，その理由を当事者に説明し，理解を得るように努力していくという「合意形成」が求められます。

　なお，表Ⅰ-1-3 にまとめたように，不当な差別的取り扱いはすべての者に

表Ⅰ-1-3　**障害者差別解消法で求められていること**（障害者差別解消法ならびに障害を理由とする差別の解消の推進に関する基本方針を基に筆者作成）

行政機関等（国）	地方公共団体等	事業者（民間）
・不当な差別的取り扱いの禁止 ・合理的配慮の提供の義務 ・対応要領の作成義務 ・相談窓口の明確化，職員の研修・啓発の機会の確保	・不当な差別的取り扱いの禁止 ・合理的配慮の提供の義務 ・対応要領の作成努力義務 ・相談窓口の明確化，職員の研修・啓発の機会の確保	・不当な差別的取り扱いの禁止 ・合理的配慮の提供の努力義務 ・対応指針の作成
意思の表明があった際に，過重な負担のない範囲で合理的配慮を提供		

第Ⅰ部　セルフアドボカシーの理論　**17**

対して禁止していますが，合理的配慮の提供については，行政機関等と地方公共団体等に対して義務化しており，いわゆる民間の事業者に対しては，努力義務となっています。ただし，努力義務であるからしなくてもいいというわけではなく，適切に進められなかった場合や，虚偽の報告をするなどした場合には，罰せられることがあります。また，合理的配慮の否定は，障害者差別とみなされます。

　さて，セルフアドボカシーと関係のある「意思の表明」についてですが，障害者差別解消法では，第7条2項と第8条2項に示されており，障害者，障害者の家族，介助者等による表明と当事者以外の表明も認められています。またその手段は，点字や手話など多様なコミュニケーション方法が認められています。さらに，文科省所管分野事業における「『差別解消法』の対応指針」（2015年11月）では，当事者が子どもの場合や，その保護者の障害受容がまだできていない可能性が高い学齢期が対象となることから，「意思の表明がない場合であっても，当該障害者が社会的障壁の除去を必要としていることが明白である場合には，建設的対話を働きかけるなど，自主的な取組に努めることが望ましい」として，あくまでも当事者に不利益がないようにしていくことを求めています。

(2) 青年期の発達障害者と「意思の表明」における課題

　自ら合理的配慮を求めていくことが難しいと予想される幼児児童に対して，発達障害のある生徒や学生は，こうして欲しいと伝えるだけの言語力はもっていると期待されます。しかしながら，日本学生支援機構が行っている調査からも分かるように，支援が必要だと周りが思っても，診断書を持っていない学生もおり，これまで診断されていない場合，本人も障害や支援の必要性に気づいていないことがあります（日本学生支援機構，2017）。大学等では特に，こうした「支援の必要性に対して自覚のない」学生の対応に苦労しているようです。もちろん，診断書があるから支援が必要だというわけではなく，また診断書がなくとも必要な支援（環境整備を含む）は行っていくべきであると思いますが，たとえば，当事者の友人や教員，実習先の職員が困っている場合，大学側が，どのような支援を，どの程度行えばいいのかと悩んだり，支援を与える

ことが，逆に当事者を傷つけることになりはしないかと考えたりしているようです。またそもそも，特別な配慮を行うには，当事者からの訴えや診断書の提出が必要手続きの一部となっている場合があり，当事者の自覚や働きかけがない場合，次の支援につなげにくい現状があります。

「障がいのある学生の修学支援に関する検討会報告（第一次まとめ）」によると，大学等で行われる合理的配慮の対象は，入学希望者及び在籍学生（留学生，聴講生等含む）とされ，入試での特別な配慮を含めて，今いる学生だけではなく，これから来るかもしれない学生にまで範囲が及んでいます。また，学生支援は，授業，課外活動，学校行事への参加等，教育に関するすべての事項とされ，具体的には，機会の確保，情報公開，決定過程，教育方法等，支援体制，施設・設備などソフト面とハード面の両面からのアプローチが求められています（文部科学省，2012）。そのため，高校と大学の連携や保護者との連携を含めて，移行支援が求められ，入学から卒業するまでの短期・中長期的課題に取り組む必要があります。授業での支援はもちろん，就職支援やそれに関わる実習等の支援など，外部機関との連携が必要になることもありますし，直接的な介入の有無は問わないとしても，サークル活動などの人間関係や遅刻欠席を含めた生活指導など，現実的には多岐にわたった支援が必要になっている状況にあります。

そこで改めて，セルフアドボカシーの視点に戻りたいと思います。まず，現在，法整備がなされ，権利として得た合理的配慮の提供ですが，これを受けるためには意思の表明が求められていることからも，「こうしたことで困っているから何とかしてほしい」と伝えられることが必要になっています。それが「合理的であるかどうか」は，その後判断すべきことであるので，まずは，伝えていくことが重要です。次に，何をすればよいかという具体的な配慮（支援）の内容を考えていくことが続きます。発達障害の場合は特に，その特性が多様であるため，たとえばAさんにとってよかった視覚的な情報が，Bさんには刺激が強くて効果があまりない，ということもあるでしょう。そもそも合理的配慮は，個別に提供されるものであり，このことからも，自分には，どのような支援が合っているかが自分で分かっていると円滑に進みます。自分に合った支援が分かるということは，障害も含めて，自分のことを理解している

第Ⅰ部　セルフアドボカシーの理論　　**19**

ことにつながり，すなわち，セルフアドボカシースキルの有無に関わると言えるでしょう。

　もう1点押さえておきたいことは，伝え方についてです。意思の表明では，当事者を支援する者も含め，多様なコミュニケーション方法が認められていますが，発達障害のある人の場合，外から見ただけでは困難さに気づかれにくいことからも，その場で障害特性を説明したり，必要な支援をことばで伝えて求めたりする機会が往々にして現れます。このことからも，説明できる力としてのセルフアドボカシースキルが求められると思います。しかし，言語表現ができることや語彙力が豊富であることと，相手にうまく伝えていくことは必ずしも一致するとは限りません。そのため，うまくお願いしていく力（提唱力）や交渉していく力（交渉術）などもスキルの中には必要なのではないかと思います。

　そこで第2章，第3章では，セルフアドボカシーの要素である「自分の特性や現在の状態の理解（自己理解）」と「必要な支援を求める力（相手に提唱する力）」についてさらに考えたいと思います。

【注】

(1)　プログラム開発については，片岡美華（2012）『青年期発達障害者のセルフ・アドボカシー・スキル獲得にむけた教育プログラム開発：平成21〜23年度科学研究費補助金（若手研究（B））研究成果報告書』，片岡美華（2015）『発達段階と障害特性に応じたセルフ・アドボカシー・スキル教育の実証的研究：平成24〜26年度科学研究費補助金（若手研究（B））研究成果報告書』がある。

(2)　たとえば自己理解に関して，滝吉美知香・田中真理（2009）の「ある青年期アスペルガー障害者における自己理解の変容：自己理解質問および心理劇的ロールプレイングをとおして」（特殊教育学研究，46(5)，279-290）などがある。

(3)　彼らに知的障害はなく，普段主に過ごしている場所は，通常の学級や特別支援学級と子どもによって異なる。

【引用・参考文献】

Brinckerhoff, L. C., McGuire, J. M, & Shaw, S. F. (2002) A comprehensive approach to transition planning. In L. C. Brinckerhoff., J. M. McGuire, & S. F. Shaw (Eds.) *Postsecondary education and transition for students with learning disabilities (2nd ed.).* Pro-ed., Austin, TX.

中央教育審議会 (2011) 今後の学校におけるキャリア教育・職業教育の在り方について (答申)

橋本義郎 (1996) 権利と行為の社会学：セルフ＝アドボカシー実践のために，エルピス社.

保積功一 (2007) 知的障害者の本人活動の歴史的発展と機能について，吉備国際大学社会福祉学部研究紀要，12, 11-22.

片岡美華 (2008) 学習障害のある学生への支援モデル：米国ランドマーク大学の例より，鹿児島大学教育学部研究紀要教育科学編，59, 37-47.

片岡美華 (2010) セルフ・アドボカシー・スキル形成のための先進的プログラム：ランドマーク大学の取り組みから，日本 LD 学会第 19 回大会自主シンポジウム.

片岡美華 (2011) セルフ・アドボカシー・スキル形成のための教育的プログラムに関する試案，日本特殊教育学会第 49 回大会自主シンポジウム『発達障害のある子どもの対人関係支援法の探求 (5)：「自己」に焦点をあてた対人関係支援を考える』.

片岡美華 (2012) 第 7 章　オーストラリア：より制限の少ない場への移行とニーズベースの支援提供への転換，渡部昭男編著　日本型インクルーシブ教育システムへの道：中教審報告のインパクト，三学出版.

片岡美華 (2013) 海外での思春期発達障害者支援の先進的な取り組み：セルフ・アドボカシー・スキルを中心に，小島道生・田中真理・井澤信三・田中敦士編　思春期・青年期の発達障害者が「自分らしく生きる」ための支援，金子書房.

片岡美華 (2014a) 発達障害学生のセルフアドボカシースキルの維持と活用に関する一考察，日本特殊教育学会第 52 回大会自主シンポジウム 31『高等教育機関における発達障害学生支援～自己理解の観点から～』.

片岡美華 (2014b) シンガポールの特別支援教育の現状と課題：セルフ・アドボカシー・スキルを中心に，田中真理 (研究代表)　自己理解・他者理解を核とした

生涯発達における発達障害者の心理教育的支援環境の構築：平成 23 年度〜平成 27 年度科学研究費補助金（基盤研究 B）研究成果中間報告（H23 年度〜25 年度分）.

片岡美華（2015）海外における発達障害学生への支援：学びの保障と自己権利擁護，障害者問題研究，43(2), 27-35.

片岡美華・金丸彰寿（2013）セルフ・アドボカシー・スキルを育てる教育プログラムの有効性，日本 LD 学会第 22 回大会発表論文集，514-515.

片岡美華・玉村公二彦（2009）高等教育における発達障害学生への導入・初年次教育：LD・ADHD に特化したランドマーク・カレッジの場合，奈良教育大学紀要（人文・社会），58(1), 57-67.

河合康（1993）日本と欧米における障害者のアドボカシーの発達と現状，上越教育大学研究紀要，12(2), 255-268.

Kozminsky, L. (2003) Successful adjustment of individuals with learning disabilities. In S. A. Vogel, G. Vogel, V. Sharoni, & O. Dahan (Eds.), *Learning disabilities in higher education and beyond international perspectives* (pp. 259-277).

McDonnell, J., Kiuhara, S. A., & Collier, M. (2010) Transition to postsecondary education. In J. McDonnell & M. L. Hardman (Eds.), *Successful transition programs: Pathways for students with intellectual and developmental disabilities* (2nd edition ed., pp. 320-340). LA: SAGE.

文部科学省（2007）特別支援教育の推進について（通知）.

文部科学省（2009a）. 特別支援学校幼稚部教育要領　特別支援学校小学部・中学部学習指導要領　特別支援学校高等部学習指導要領.

文部科学省（2009b）. 特別支援学校学習指導要領解説　自立活動編（幼稚部・小学部・中学部・高等部）.

文部科学省（2012）障がいのある学生の修学支援に関する検討会報告（第一次まとめ）.

文部科学省（2017）特別支援学校小学部・中学部学習指導要領.

内閣府（2014）障害を理由とする差別の解消の推進に関する基本方針.

日本学生支援機構（2017）平成 28 年度（2016 年度）大学，短期大学及び高等専門学校における障害のある学生の修学支援に関する実態調査結果報告書.

曽和信一（2008）障害者の権利条約についての一考察，四条畷学園短期大学紀要，41, 63-72.

鈴木庸裕（1999）学校福祉における学校と地域の共同化：エンパワメントとアドボカシーの視点から，福島大学教育学部論集　教育・心理部門，67, 67-86.

高橋知音（2014）第1章　大学進学前に知っておいてほしいこと，高橋知音編著　発達障害のある人の大学進学：どう選ぶか　どう支えるか，金子書房．

立岩真也（2000）　弱くある自由へ：自己決定・介護・生死の技術，青土社．

立岩真也・寺本晃久（1998）知的障害者の当事者活動の成立と展開，信州大学医療技術短期大学部紀要，23, 91-106.

谷村綾子（2011）特別支援教育体制の基盤的モデルに関する一考察：障害者権利条約が示す「参加」「自己決定」概念を指標として，千里金蘭大学紀要，8, 87-95.

津田英二（2002）セルフ・アドボカシーにおける本人と支援者との関係性変容，神戸大学発達科学部研究紀要，10(1), 67-81.

津田英二（2003）セルフ・アドボカシーの支援をめぐる基本的視点：支援者の属性と支援の内容に関する実証的研究，神戸大学発達科学部研究紀要，10(2), 91-105.

Vermeulen, P. (2000). *I am Special: Introducing children and young people to their autistic spectrum disorder*. London & Philadelphia: Jessica Kingsley.

第2章

発達障害児者の
セルフアドボカシーを支える自己理解

第1節

心理学の視点によるセルフアドボカシーを支える自己理解

小島　道生

1 自己理解の発達

　セルフアドボカシーを発揮していくためには，自分自身について理解を深めることが欠かせません。「自分は，いったい何が得意なのか？」「あるいは不得意なのか？」そして，「どのような支援が必要なのか？」こうした自己理解は，どのように発達するのでしょう。

　あなたは「自分は，どんな人ですか？」と質問をされたら，どのように答えるでしょうか。この質問に的確に答えるためには，自分自身を客体化し，自己分析し，表現することが求められます。一見すると難しい質問ですが，実は幼児においても，「かっこいい」といったように，回答できます。ただ，幼児期には外見的なことや簡単な行動特性に関する回答（例：ケンカをする）が多くなりますし，表現力にも限界があります。それが，青年期になると，「自分は，誰でも同じように接することができると思うが，実は一人でいることが好きで，親しくない人と話すことは苦手だ」といったように，主観的な内面世界について語ることができるようになります。自己理解の発達は，幼児期から認められ，児童期，青年期を通して深化していくのです。

　こうした自己理解の発達モデルとしては，Damon and Hart（1988）のモデ

ルが著名です（図 I -2-1）。Damon and Hart（1988）のモデルは，自己理解を客体としての自己と主体としての自己の 2 つの観点から捉えています。そして，客体としての自己理解は，身体的自己，行動的自己，社会的自己，心理的自己の 4 つの内容から構成されています。セルフアドボカシーを支える自己理解の発達を捉える視点として，Damon and Hart（1988）のモデルは参考になるでしょう。

　我が国においては，佐久間・遠藤・無藤（2000）が，Damon and Hart（1988）のモデルの不備を整理し，発展させる研究に取り組んでいます。保育園児 5 歳児クラス，小学 2，4 年生を対象に自己理解インタビューを実施し，その抽出を Damon and Hart の自己理解モデルに基づきその一部を改作した分析枠にそって分類しました。その結果，年齢の増加に伴い，身体的・外的属性に関する抽出が減少し，行動および人格特性に関する抽出が増加すること。協調性に関する言及が各学年で多く見られ，年齢の増加に伴い，勤勉性や能力への言及が増加すること。年齢の増加に伴い，肯定的側面（好き，いいところ）のみを抽出するものが減少し，否定的側面（嫌い，悪いところ）を抽出するものが増加すること。4 年生では，「好き－嫌い」質問と「いい－悪い」質問に異なる反応を見せ，「いい－悪い」質問の方がより否定的に捉えられていることなどを示しています。幼児期から児童期にかけて，自己理解の内容が質的に変化することや評価的側面において理解が深まっていくと考えられます。

		体系的信念と計画	がんばりのきく丈夫な体	信仰のため教会に行く	生き方としてボランティア	世界平和をめざす
発達レベル	青年期後期					
	青年期前期	対人的意味づけ	強いので頼られる	遊びが好きで人に好かれる	人に親切	判断力があって頼りになる
	児童期中・後期	比較による自己査定	人より背が高い	他の子より絵が上手	先生にほめられる	人より頭が悪い
	児童期前期	カテゴリー的自己規定	青い目をしている	野球をする	妹がいる	ときどき悲しくなる
		共通の組織化原理	身体的自己	行動的自己	社会的自己	心理的自己

図 I -2-1　Damon and Hart（1988）による自己理解の発達モデルにおける客体としての自己の部分（山地，1997 を一部改変）

Damon and Hart（1988）のモデルは，わが国の定型発達児を対象とした研究だけでなく，国内外の発達障害児や知的障害児を対象とした研究にも応用され，自己理解の特性などが示されています。モデルが提唱されて数十年が経っていますが，方法論的にも幼児や発達障害児者にも適用可能であったことからも，広く参考にされてきたと考えられます。続いて，発達障害児の自己理解の特性について，これまでの心理学的な研究成果について紹介します。

2 発達障害児者の自己理解の特性

発達障害児者の自己理解については，障害種別に検討がなされ，主に同年代の定型発達児者との比較から，その特性が検討されてきました。この理由としては，障害特性が自己理解にも少なからず影響を与えていると考えられてきたためでしょう。

なかでも，対人関係に困難のある自閉スペクトラム症（ASD）児に対しては，他者理解だけでなく，自己理解についても注目され，近年になって具体的な支援プログラムなどの開発も試みられています。そこで，本稿では自閉スペクトラム症児に焦点を当てて紹介します。

Lee and Hobson（1998）は，Damon and Hart（1988）の自己理解に関するインタビュー法を参考に，自閉症児と知的障害児を対象に検討しました。その結果，自閉症児は社会的領域の自己叙述が少なかったものの，それ以外の心理的領域において知的障害児とは違いがなかったことを報告しています。わが国においても，吉井・吉松（2003）は，Lee and Hobson（1998）の自己理解に関するインタビューにより，自閉症児（平均 CA16.0 歳，平均全検査 IQ60）を対象として，非自閉症の対照群（平均 CA16.5 歳，平均全検査 IQ67）と比較を行いながら検討しました。その結果，自閉群は自己理解の到達レベルにおいても，非自閉群よりも低かったと報告しています。そして，自閉症児の自己理解の到達レベルがただ単に低いというだけでなく，ある程度のレベルに達している者においても，自己の対人的，社会的言及に大きな困難があると述べています。さらに，他者理解，自己理解，感情理解に関する能力は相互に関係することを示唆しています。

これらの研究から，知的障害のある自閉症児では，自己理解の発達は知能指数を統制した同年代の知的障害児に比べて自己理解の水準が低く，特に社会的領域についての自己叙述が少ないと言えます。そして，自閉症児において，自己理解の能力が比較的高い者は，他者理解や感情理解の能力が高いことが示されています（吉井・吉松，2003）。これは，自己理解能力と他者理解および感情理解能力が関係しており，他者理解および感情理解能力を高めることが，自己理解能力を高めることにつながる可能性が示唆されます。あるいは，自己理解の能力を高めることが，他者理解および感情理解能力の向上につながる可能性もあるかもしれません。したがって，自己理解の支援においては，対象児自身が一人で自分を見つめる機会を確保するのではなく，むしろ他者に対する関心や理解を育てること，つまり他者と交流をしながら自己について見つめるような機会を確保することが重要と言えます。

　また，野村・別府（2005）は，高機能自閉症児（小学低学年，高学年，中学生）を対象に，自己定義（あなたはどんな人ですか？），自己評価（自分のどんなところが好き（嫌い）ですか？），時間的展望（あなたは，どんな小学生（幼稚園児）でしたか？　どんな中学生（高校生）になると思いますか？），自己連続性（あなたは，小さいころと比べて変わった（変わらない）ところはどこですか？），自己の関心（もしもあなたの願い事が３つかなうなら，どんなお願いごとをしますか？）などの質問を行いました。そして，対人的自己を表すカテゴリーとして，協調的行動・外向的行動・人格特性の外向性と協調性を取り上げて検討しました。その結果，協調的行動や協調性でみる限り，高機能自閉症児は健常児より言及する人数の割合が少ないことが考えられました。しかし，外向性の発達的変化をみると，高機能自閉症児においても，中学生になるとそれまでより外向性に言及する割合が増大していました。外向性も他者との関係における自己に言及するものと考えると，高機能自閉症児において健常児より対人的自己への言及が少ないという障害固有の特徴はもちつつ，一方で，年齢に伴い対人的自己への言及が増大するという発達的変化の側面ももっていることが明らかにされました。したがって，高機能自閉症児はその特性をもちつつも自己理解を変容させており，児童期から青年期にかけて発達的変化がみられると言えます。

第Ⅰ部　セルフアドボカシーの理論　**27**

さらに，滝吉・田中（2011）は，思春期・青年期における広汎性発達障害（PDD）者を対象に自己理解質問（Damon & Hart, 1988）を実施し，PDD者の自己理解を捉えるための分類枠として，滝吉・田中（2011）による自己理解モデルを，Self-understanding model for people with PDDとして適用し，定型発達者との比較を行いました。その結果，（1）PDD者は，他者との相互的な関係を通して自己を否定的に理解し，他者の存在や影響をまったく受けずに自己を肯定的に理解する傾向にあること，（2）PDD者は，「行動スタイル」の領域における自己理解が多く，その中でも障害特性としてのこだわりに関連する「注意関心」の領域がPDD者にとって自己評価を高く保つために重要な領域であること，（3）PDD者は，自己から他者あるいは他者から自己へのどちらか一方向的な関係のなかで自己を理解することが多いこと，（4）社会的な情勢や事件への言及がPDD者の自己理解において重要であることなどを明らかにしています。そして，PDD者への心理臨床的支援として，他者との相互的な関係性の中で自己に対する肯定的感覚を培える場を提供すること，そのためにPDD者が示すこだわりなどの興味関心を積極的に活用し，一見自己とは関係ない社会的情勢や規律に関する発言にも耳を傾け，彼らの自己の安定を知る手がかりとすることなどが考えられると述べています。思春期・青年期になると，こだわりが一層強くなる自閉スペクトラム症児もみられますが，当事者の興味・関心に寄り添い，こだわりをいかすことが彼らの心理的安定につながる可能性が示唆されます。

　さて，近年ではASD児者の自己理解に関する基礎的な研究に加えて，より実践的な支援に関する報告がなされるようになってきています。角光・米田・玉村（2011）は，ASDの青年・成人に対する就労支援を行う中で，特性の整理と自己理解の支援を展開しました。そして，自らの障害特性について知識として知ることと，実際に「やってみる」体験との両方を通じて，自己理解を深めていったと述べています。対象者が私生活の中で，家族に薦められて発達障害に関する書物を数冊読み，障害特性に関する情報を知識として得ていたことが大きいと報告されています。自らの障害特性について，どのように理解をしていくかというのは，自己理解，そして障害受容にとって大きな課題ですが，関連する書籍を読むことは比較的容易に準備をすることができると言えます。

ただし，関連書籍に触れることは，認めたくない自分との遭遇の機会になり，不安や悩みを増大させる危険性もあります。また，「自分とは関係のない人のことだね」と，まったく興味・関心などを示さないことがあるかもしれません。したがって，書籍の内容はもちろん，対象児の心理的な状態を十分に配慮したうえで，慎重に進めていくべきでしょう。また，書籍を読むことで，新たに自分に対する疑問や不安などを抱く可能性もありますので，読んだ後の支援について計画を立てたうえで進めていくべきです。

また，木谷・中島・田中・坂本・宇野・長岡（2016）は，青年期自閉スペクトラム症者を対象とした集中型「自己理解」プログラムを試行しその成果と課題などについて報告しています。そして，自己理解を促進させる準備として，小学校時代の課題は，診断告知と身体感覚への気づき。中学校時代の課題では，他者から認めてもらえる自分の得意さ作りとコミュニケーション（たとえば，アサーション）。高校以降の課題は，「援助要請スキル」（ここまでは一人でできます，ここからはサポートをお願いします）と気分の切り替えのための余暇スキル，を提案しています。

診断告知は，自己理解において多大な影響を与えることは間違いありません。後の「第Ⅱ部　実践編」でも診断告知についての具体的な事例の紹介がありますが，診断告知を通して，適切な自己理解を進めることが不可欠です。また，診断告知とも関係しますが，自分の特性を理解する際には，脳科学的な内容を織り込んで説明したほうが納得しやすいことも多いです。これらのことより，診断告知の状況などにもよりますが，特性の理解を深めるためには，脳科学的な知見も含めて発達段階に応じた自己理解の支援を展開していくことが重要と考えられます。

3 発達障害者の自己理解の支援

発達障害者の自己理解の支援として，小島・片岡（2014）では，仮説的に図Ⅰ-2-2の5段階が示されています。そして，青年期を迎えた発達障害者の自己理解支援においては，重要な他者との関係性や多面的な理解，さらには時間軸の形成といった観点をもちながら，体系的かつ継続的に行うことが大切で

あると述べています。

　ただ，自己理解の支援の前提として，やはり自分自身の良さについて理解することが求められます。幼児期や児童期から，失敗経験や他者との比較から自信を低下させがちな発達障害児には，自己理解の支援は，児童期などの早期から継続的に取り組み，自分の良さも含めたより多様な捉え方ができるようにすべきです。

　そして，セルフアドボカシーに関わっては，特に段階3の「多様な自己への気づき」が重要になります。なぜなら，自分の強さや弱さ，助けてもらうことなど多様な自分の諸側面について理解ができていないと，何を援助要請するのかが分からないことになります。また，偏った自己理解ではなく，援助をお願いするのは，自分の中の一部に過ぎないと認識し，全体的な否定感などへつなげないことが大切です。

　なお，発達障害児に対する自己理解の具体的な支援方法については，小島・片岡（2014）をご覧いただければと思います。

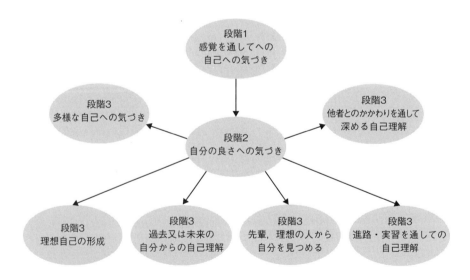

図Ⅰ-2-2　**自己理解の支援の段階**（小島・片岡，2014，p.24）

4 発達障害児者のセルフアドボカシーと自己理解

　発達障害児者のセルフアドボカシーで大切となる自己理解は，客観的に自己理解をできる認知能力だけでなく，他者よりもできない自分や弱さと向き合い，それを認め，援助を受けようという気持ちをもつことです。それを支えるためには，そもそもサポートを受けることは悪いことではなく，お互いのことをよく理解しあい，協力関係が築きやすくなり，ときには失敗を未然に防ぐことにもつながる本人や周囲の人にとって"メリット"のあることだと伝えましょう。また，同時にできる限り身近なところで必要な援助を受けられる環境を整える必要があります。発達障害者の保護者を対象とした大学の発達障害学生支援に関するニーズ調査（小島，2014）においても，「気楽になんでも相談できる人材や場所の確保」が求められていました。本人が所属する組織の人的，物理的環境整備も欠かせません。

　発達障害児者がセルフアドボカシーを発揮するためには，単に認知能力の発達だけでなく，多面的に自己理解を深めるなかで，できない自分と向き合えて，援助要請へとつなげられる心理的な"柔軟さ"と"強さ"が必要になると言えます。これは，そう簡単なことではありません。こうした"強さ"を支えるためには，そもそも発達障害児自身が適度に自尊感情を高く維持しておくことも欠かせません。なぜなら，自尊感情が低下していると，意欲が低下して，何事に対しても積極的に取り組むことができなくなるからです。

　発達障害児を対象とした自尊感情に関する研究からは，ソーシャルサポートの重要性が指摘（小島・納富，2013）されています。したがって，本人が「困ったら助けてくれる人がいる」と思える人とのつながりを確保したいものです。また，滝吉・田中（2011）が提案しているように，本人のこだわりなどを認めて，受け入れてくれる他者，共感してくれる他者の存在も欠かせないと言えます。

　自尊感情という心の基盤を育みながら，多面的な自己理解を深め，周りの人とのつながりを実感できるように環境を整え，自分らしく生きるために，セルフアドボカシーに関するスキルの発揮ができるように支援していきましょう。

【引用・参考文献】

別府哲監修，小島道生・片岡美華編著（2014）発達障害・知的障害のある児童生徒の豊かな自己理解を育むキャリア教育：内面世界を大切にした授業プログラム 45，ジアース教育新社．

Damon, W., & Hart, D.（1988）*Self-understanding in childhood and adolescence.* New York: Cambridge University Press.

角光裕美・米田英雄・玉村公二彦（2011）自閉症スペクトラムの青年・成人に対する就労支援の開発的研究：職場を模した作業場面における特性の整理および自己理解のとりくみ，奈良教育大学紀要　人文・社会科学，60(1), 41-48.

木谷秀勝・中島俊思・田中尚樹・坂本佳織・宇野千咲香・長岡里帆（2016）青年期の自閉症スペクトラム障害を対象とした集中型「自己理解」プログラム，山口大学教育学部附属教育実践総合センター研究紀要，41, 63-70.

小島道生（2014）大学における発達障害学生支援に関する保護者のニーズ，岐阜大学教育学部研究報告　人文科学，62(2), 257-262.

小島道生・納富恵子（2013）高機能広汎性発達障害児の自尊感情，自己評価，ソーシャルサポートに関する研究：通常学級に在籍する小学4年生から6年生の男児について，LD研究，22(3), 324-334.

Lee, A., & Hobson, P.（1998）On developing self-concepts: A controlled study of children and adolescents with autism. *Journal of Child Psychology and Psychiatry*, 39, 1131-1144.

野村香代・別府哲（2005）高機能自閉症児における自己概念の発達，日本特殊教育学会第43回大会発表論文集，406.

佐久間（保崎）路子・遠藤利彦・無藤隆（2000）幼児期・児童期における自己理解の発達：内容的側面と評価的側面に着目して，発達心理学研究，11(3), 176-187.

滝吉美知香・田中真理（2011）思春期・青年期の広汎性発達障害者における自己理解，発達心理学研究，22(3), 215-227.

山地弘起（1997）自己の発達．井上健治・久保ゆかり編　子どもの社会的発達，東京大学出版会，90-111.

吉井秀樹・吉松靖文（2003）年長自閉性障害児の自己理解，他者理解，感情理解の

関連性に関する研究，特殊教育学研究，41(2), 217-226.

第 2 節

教育的視点によるセルフアドボカシーを支える自己理解

片岡　美華

1　教育における自己理解の必要性

　自分については，日々の暮らしの中で「あなたは○○な人と言われるけれど，本当にそうなのかな」，「私はこの先どうありたいのだろう」と，自分のことなのに分からない，と思うことがあるでしょう。第1節であったように発達とともに自分のことが分かり，うまく表現できるようになるとは言え，自分が抱いている自己像が客観性を伴ったそれと同じとは限りません。また，進路や生き方については，子どもの頃よりも思春期，青年期になるほどに迷い，模索することが多いのではないでしょうか。

　現在，学校教育では，キャリア教育や道徳教育を中心に自己理解を深めることや生き方を見つめさせる指導が行われています（文部科学省，2008）。しかしここに「障害」が関連すると，認知のゆがみや発達の凹凸などから自分を捉えることは一層難しく，違和感だけが強調されることがあります。しかもその違和感は，学級の雰囲気というあいまいなものから来るものであったり，クラスメイトの何気ない一言が生んだものであったり，違うと言われるから違うのだという思い込みであったりして，何が違うのか，なぜ違うのかが分からないまま違和感を抱えていることもあるでしょう。ある生徒が「どうせ僕は変わり者なんだから放っておいてください！」と言い放ったことばがとても悲しく響きましたが，実行機能等に障害がある場合，適切にセルフモニタリングできていない可能性もあります。つまり，ポジティブな面をたくさんもっているのに，それに気付けない，良い面を良いものとして受け取れない状態に陥っている可能性があるのです。自分をネガティブに捉える感情が大きいと「なぜ私は生まれてきたのか，生まれてこなければよかった」という自己否定にもつなが

34

りかねません。こうした違和感は，小学生の頃から自覚することが多いですが，そもそも一人ひとり違う子どもたちの集まりである学級や学校では，自尊感情を高め，他者との違いを認め合ったうえでの集団生活が重要となります。

　他者を尊重することについては，学習指導要領の中でもしばしば登場し，学校教育の中でも大切にされています。しかし障害がある場合，とりわけ通常の学級に在籍している発達障害がある児童生徒の場合は，他者を尊重することはもちろんですが，まずは，自分を大切にし自尊感情を高めていくような指導を丁寧に行う必要があるでしょう。自尊感情を高めるうえで自己理解は一助となります。そして人との関わりの中での自己理解は，自分で気づかなかった得意なことに気づけるきっかけとなることがあります。たとえば，自分ではパソコンを使いこなしており，それが当たり前だと思っていたけれど，第三者に褒められることで，人よりもできるようだと分かったり，自分は，ただ好きだという理由で歴史人物を語っていたけれども，それはたいそう物知りなことらしいと指摘されることで初めて知ったり，と新たな自分を発見できることにもつながるのです。このことは，できない自分ばかりが見えていた「自分」から脱却し，できないこともあるけれどできる部分ももっている「自分」への発見へとつながります。それが自尊感情や自己肯定感の上昇と自分嫌いから抜け出すこととなり，やがては自分を受け入れることにつながることでしょう。したがって，自己理解は教育においても重要な課題であるのです。

　セルフアドボカシーとの関連において自己理解は，支援の必要性や欲しい支援内容を訴えるために重要です。そして支援を訴えるには，自尊感情が高いほうが前向きな行動につながりやすいものです。ところが，大きな成功体験を積んだとき，自分にはもう支援は必要ない，大丈夫だと思わせてしまうことがあります。その成功体験とは，たとえば，入学試験や入社試験に合格した場合などで，飛躍を遂げる移行時では喜びが一層増すものです。しかし，新しい環境において，とりわけ「自主性」や「応用性」が求められる高等教育段階や職場になると，さまざまな力量がついてきていたとしても，これまでと同じようには，課題を遂行できない場合があります。ここで，自身のニーズに基づいて欲しい支援の具体的な内容について自分で分かっていないと，当然，自分に合った支援を得ることができません。たとえば試験の際に，Aさんは，カラー印刷

第Ⅰ部　セルフアドボカシーの理論　　**35**

をしてもらえると文字や図が明確化してスムーズに理解できるのに，そのこと
を自分でもよく理解できておらず，また支援提供者もＡさんの欲している支
援をよく分からずに，ＢさんやＣさんに対して行っている時間延長という形
で「支援」したとします。そうなると，結局，Ａさんは，黒と白の濃淡だけの
「ごちゃごちゃした」対象物を延々と見続けることになり，挙句にやはりよく
分からなかったという事態になってしまうことでしょう。この場合，「時間延
長」という形で支援提供されているにもかかわらず，Ａさんのニーズには応え
ていないというわけです。

　発達障害については，少しずつ理解が進み，支援をしていこうと前向きな社
会になりつつありますが，外から見て分かりにくい障害であるため，周りが気
づかずに過ごしてしまうことがあります。また対応方法が多岐にわたっている
ため「何が必要か教えてくれないと助けたくても助けてあげられないよ」と
思っている人もいます。そのため，発達障害に接した経験が少ないと，前にう
まくいったから，書籍に書いてあるからなどという理由から，吟味なく支援内
容をあてはめて，結果的にその人に効果的でない，ときには望んでいない支援
を押し付けることもあります。こうしたことからも，支援を求めるときに自分
のことや障害のことを理解していることは，自分をまもるうえでも重要になる
のです。

2 セルフアドボカシーを支えるための自己理解教育

　発達障害のある人がセルフアドボカシーを行使していくうえで，どのように
自己理解を進めることがよいのでしょうか。中塚・片岡（2014）は，発達障
害のある対象児に対して，語り合いを大切にし，自尊感情の回復につなげる教
育的実践を報告しています。支援スタッフは，対象児に対して継続的に肯定的
な態度を示すことで関係を深め，そしてポジティブな面を指摘することで，対
象児が自分でも気づかなかった新たな自分を発見し，自己理解が多面的に，段
階的に深まっていったという結果を得ています。

　また第1章で紹介したランドマークカレッジの例や先駆的な事例によると，
なかまの存在が重要だと言えるでしょう。ランドマークカレッジでは，10人

程度の少人数の授業の中で，互いの得意，不得意を補完しあうような存在であることを授業を通して自然に理解していったり，オリエンテーションや課外活動などで学生メンターやリーダーとして活躍することで後輩から頼られコミュニケーション力や問題解決力を高めたなどのエピソードがあります（片岡，2013）。オーストラリアでは，小グループでの語り合いがきっかけとなった例もありました。すなわち，それぞれが得意なこと，苦手なことを伝え合う中で，得意なことがないと思っていた当事者に対し，「○○はよくできるじゃないか」と伝える存在が必要だと思います。それは，親子や，教師と児童生徒という関係も含まれると思いますが，信頼できる第三者であると，できることを指摘されたときのうれしさも増すように思います。小島（2011）は，発達障害のある子どもの自己理解を向上させるには，成功体験などプラスの経験に対して他者から評価されることの有効性を報告しています。また，別府・坂本（2005）は，自分を認め，寄り添いながら接してくれる他者の存在が重要であり，自己評価の向上につながるとしています。このことからも，まずは，通級指導教室や特別支援学級などの小集団で，そして，同じように困難さを抱える「なかま」で自己理解のための教育が進められるとよいのではないかと考えています。たとえば，小島・片岡（2014）は，発達障害・知的障害児の自己理解の支援について自己理解の発達段階を考慮した実践例を紹介しています。これらの実践においては，前提として「信頼関係」の築きが大変重要な要素となります。なぜなら，障害という「弱さ」や「苦手さ」を他者の前で開示しなければならないため，それは勇気がいることだからです。この人たちの前でなら言っても大丈夫という安心感，この人なら受け止めてくれるという信頼感は保たれるべきことであり，教師や支援者が受け止める場合は，受容的態度で傾聴し，共感することはとても重要であると思われます。

　さらに，自己理解の育ちを客観的に見返せるようにすることも効果的でしょう。自己理解は目に見えるものではありませんし，迷い悩みながら過ごす日々の中では，その進歩が分かりづらいからです。そこで，ポートフォリオであったり，ワークシートであったり，後から見返せるものを積み重ねていくことで，「あのときはこんなふうに言ってたけど，今はもっと前向きなことばがたくさんあるな」と自分で感じることができたり，「これだけしっかり学んだの

だから大丈夫」，という自信になったりするのではないかと思います。第1章で触れたような「自分への手紙」は，まさしく自己の成長を振り返るためのツールであり，また，うまくいかなくて落ち込んだときに再度前向きに取り組めるようにするための活力になるのだと思います。

　ところで，障害のある人が自分のことを理解する際には，得意なところはもちろんですが，どうしても苦手なところと向き合う必要があります。そしてそれは，「障害」と向き合うことにもつながります。向き合うことと受容はイコールではありませんが，障害を受容できているかどうかは，セルフアドボカシーにおいても重要な要素となりえると思います。しかし，障害受容は簡単なことではありません。障害を受け入れるまでの背景は多様であり，たとえば，これまで特別な支援を受けた経験があるかどうかということも関係してきます。そしてそれは，本人のみならず保護者による障害の受け止め方や，学齢期において支援を受けた経緯やそのための働きかけの有無も関わってきます。当事者や家族自ら働きかけていなくとも，支援を得ることの意味を理解できているかどうか，支援を得ることを前向きに捉えられているかどうかが，その後の支援提供へも影響を与えるものとなるのです（片岡・金丸，2013）。

　当事者自身の障害理解（障害の自己理解）は，年齢や告知が行われているかという要素が大きく関わりますが，漠然と周囲との違和感はあるものの，自分のことが分からなくて不安であったり，失敗経験の積み重ねからネガティブなイメージしかなかったりすることも少なくありません。仮に，障害についてインターネットなどで自ら調べたとしても，あまりに多くの情報があふれているため，どれが自分にあてはまるのか分かりにくく，そもそも情報の取捨選択が得意でない場合，自分に適さない情報を取り入れたり，一層混乱したりしてしまいがちです。そこで第1章のアメリカやオーストラリアの事例にあったような，脳科学を含めた障害の科学的理解は，正しい知識の獲得として求められます。さらに，ICF（国際生活機能分類）の考え方を伝えることは，社会の中での障害の位置づけや環境調整など，支援を得る際の視点や手段となりえます。このことは，特別支援学校学習指導要領解説（文部科学省，2009）の自立活動編の中にも記されていることですので，教育課程に盛り込むことで，系統的な学びを可能にできることでしょう。

以上を踏まえてセルフアドボカシーを支える自己理解教育としては，

① 自分のポジティブな面について知る活動を取り入れ，自尊感情の回復または高まりに努めること。ここでは教師（支援者）や仲間の存在が重要となります。

② 障害を理解するための学びを取り入れること。発達段階や当事者の状態に留意したうえで行うべきですが，実施する場合，単なる用語の説明にとどめるのではなく，ICFや脳科学的な内容を織り込んだ学習となると望ましいでしょう。また科学的な知識は，障害の原因を自分や親に求め罪悪感や嫌悪感をもつことから脱することにもつながることになり，自分を受け止めることにも関連します。

③ 得られる支援について知ること。これは，自己の権利や支援について法制度を含めて学ぶことで，自分がまもられていること，支援を求めることが甘えや「負け」ではないことを知らせる目的にもなります。

④ 具体的行動につなげること。自己理解が進んだら，次に行うことを一つでいいので明確化することで，漠然と分かった状態から一歩前進して行動にうつしていくことができるでしょう。

なお，学校教育において自己理解は，第1章で示したように，キャリア教育の中で明記され取り組まれているものです（中央教育審議会，2011）。したがって学校を含めてさまざまな場でセルフアドボカシーに関連した自己理解教育が取り組まれることを願います。

次章では，セルフアドボカシーにおいて，具体的行動につなげる際の力（コミュニケーションと提唱力）と周囲の理解について述べたいと思います。

【引用・参考文献】

別府哲監修，小島道生・片岡美華編著（2014）発達障害・知的障害のある児童生徒の豊かな自己理解教育を育むキャリア教育：内面世界を大切にした授業プログ

ラム 45, ジアース教育新社.

別府哲・坂本洋子（2005）登校しぶりを示した軽度知的障害児における自己の発達と他者の役割, 心理科学, 25(2), 11-22.

中央教育審議会（2011）今後の学校におけるキャリア教育・職業教育の在り方について（答申）.

片岡美華（2013）海外での思春期発達障害者支援の先進的な取り組み：セルフ・アドボカシー・スキルを中心に, 小島道生・田中真理・井澤信三・田中敦士編思春期・青年期の発達障害者が「自分らしく生きる」ための支援, 金子書房.

片岡美華・金丸彰寿（2013）セルフ・アドボカシー・スキルを育てる教育プログラムの有効性, 日本 LD 学会第 22 回大会発表論文集, 514-515.

小島道生（2011）小学校教師における発達障害児の自尊感情の支援に関する実践状況, 岐阜大学教育学部研究報告：教育実践研究, 13, 119-126.

文部科学省（2008）平成 19 年度文部科学白書.

文部科学省（2009）特別支援学校学習指導要領解説　自立活動編（幼稚部・小学部・中学部・高等部）.

中塚啓太・片岡美華（2014）青年期における発達障害児の自尊感情回復に関する実践研究：教育的関わりに焦点を当てて, 鹿児島大学教育学部教育実践研究紀要, 23, 103-110.

第3章

セルフアドボカシーと提唱力

吉井　勘人・片岡　美華

1 言語・コミュニケーションの発達

　言語・コミュニケーション能力は，言語音や音素を取り扱う「音韻論」，語彙や文などの意味を取り扱う「意味論」，単語と単語を結合させ句や文を構成するためのルールを取り扱う「統語論（文法）」，そして，社会的な文脈や相互交渉の中での発話の機能を取り扱う「語用論」の４つの側面で捉えることができます。語用論で取り扱う内容には，意図伝達のための指さしやうなずきといった非言語的伝達，要求や拒否，質問や応答といった発話機能，会話におけるトピック操作や会話の修復，自己経験を語るナラティブ等が含まれています。言語・コミュニケーション能力は，これら４つの側面が相互に関連しあうことで豊かに発達していくと考えられます。一方で，知的障害や自閉スペクトラム症（ASD）の子どもたちでは，これら４つの中の特定の側面や全般的にそれらが落ち込むことで，言語・コミュニケーションの発達の遅れや偏りといった困難さが生じていると考えられます。

　セルフアドボカシーと言語・コミュニケーション発達との関連を捉えていくうえでは，語彙獲得や文法発達の側面のみではなく，障害児者が聞き手を考慮し，自分の意思をどのように伝えたり，主張したりするのか，また，自分と相手との意見や考え方が噛み合わない際に，どのように伝え方を修正して会話を調整するのかといった語用の側面を中心にみていくことが重要になると考えます。

　そこで，語用論に焦点を当てつつ定型発達児の言語・コミュニケーション発達を３つのレベルに大別して説明します。最初のレベルは，言語獲得前の，

第Ⅰ部　セルフアドボカシーの理論　　**41**

指さし，発声，視線といった非言語的手段を用いて伝達する「前言語レベル」です。第2レベルは，有意味語を獲得し，一語文や二語文といった言語を用いて伝達する「言語レベル」です。第3レベルは，文による表現を用いて会話やナラティブ（語り；narrative）を行う「談話レベル」です。このような3つのレベルで定型発達児の言語コミュニケーションの発達を概観した後に，ASDを中心とした発達障害児者の抱える言語コミュニケーションの特徴について述べます。

　「前言語レベル」のコミュニケーションは，誕生時から生後12カ月頃にかけて発達していきます。乳児が明確な伝達意図をもってコミュニケーションを行うようになるのは，生後9カ月頃であると言われています（Tomasello, 1999, 大堀・中澤・西村・本田訳，2006）。乳児は大人との間で「私－物－あなた」の三項関係を成立させます。指さしや発声などの非言語的伝達手段を用いて，要求や拒否などの自分の意図を他者に向けて伝達するようになります。たとえば，自分の欲しい玩具を指さし発声することで母親に取ってもらおうとします（「要求の指さし」）。あるいは，飛行機や車を指さして，あたかも「見て！　見て！」と言っているように，注意や関心を大人と共有しようとするようになります（「叙述の指さし」）。このように，子どもは指さしや身振りによる前言語的コミュニケーションを基盤として，ことばの意味や文を獲得していくと考えられます（長崎・小野里，1996）。

　「言語レベル」のコミュニケーションは，およそ1歳から2歳の間にみられます。このレベルの子どもは，象徴機能が発達し，物や出来事を表象するためのシンボルとして言語を用いることができるようになります。言語を用いて，現前にある事柄（いま・ここ）について言及するようになります。1歳から1歳半頃の子どもは，身ぶりなどの非言語的伝達手段を併用しながら，一語文や二語文でさまざまな意図を伝えるようになります。たとえば，親のところに絵本を持ってきて「よむの」と言ったり，母親の髪の毛を引っ張り「おっき」と言ったりして，他者に行為することを要求します。また，「○○（自分）の」と言って自己の所有についての主張をするようになります（長崎・小野里，1996）。これらのことばは，「食事」，「着替え」，「お散歩」などの日常的に繰り返している親子の共同行為ルーティンの中で獲得されていくと考えられます

(Bruner, 1983, 寺田・本郷訳, 1988)。

「談話レベル」の言語コミュニケーションは, およそ2〜3歳代から始まり, 児童期から青年期にかけて発達していきます。2歳頃から, 子どもは現前（いま・ここ）の事柄を超えて, 「アイス食べたの」や「ブランコしよう」のように, 過去や未来の（非現前の）事柄について話すようになり始めます。語用の側面では, 2歳代には, 自立の主張がみられるようになります。子どもは自分に対する大人のコントロールに異議を申し立て, 「あっち行け」や「自分がする」といった自己の独立性を主張するようになります（Buckley, 2003, 丸野監訳, 2004）。また, 感覚, 感情, 欲求, 思考といった「心の状態」について話し始めます。2歳代では「〜したい」や「欲しい」のような自分の要求が多いのですが, 3歳代になると, 自分だけでなく, 他者の感覚, 感情, 思考についての言及が増えていき, 自・他の心について言及できるようになっていきます（長崎, 2001）。

要求の伝達は, 物の要求や行為の要求だけでなく, 「これなに？」といった情報の要求, 「なぜ彼はそこに行くの？」といった説明の要求, 「これもらっていい？」といった許可の要求のように多様化していきます（Buckley, 2003, 丸野監訳, 2004）。加えて, 要求の表現形態では, 2歳児の直接的要求（例：「ちょうだいクッキー」）から, 4歳児の間接的に相手に許可を求める丁寧な表現（例：「クッキーもらっていい？　お願い!!」）, さらに, 9歳児のほのめかすような発話（例：「わあ, このクッキーとてもおいしそうにみえる」）といったようにさまざまな表現が可能になっていくとされます（秦野, 2001）。

以上のように, 談話レベルでは, 言語（文）を主要な手段として, 現前に加えて, 非現前の文脈で, さまざまな意図を表現できるようになります。この時期から, 大人や仲間と会話やナラティブを行うようになります。会話とは, 「二人以上の者が, 話者交替（turn taking）しながら話し合うこと」であり, ナラティブとは「時系列的に, 現実的な出来事や架空の出来事について話すことや書くこと」として定義されています（Hughes, McGillivray, & Schmidek, 1997）。ここでは, 会話とナラティブの発達をみていきます。

まず, 会話についてですが, 私たちは, 日々の社会生活の中で, 会話を通して, 関心や情動, 意図や信念などを互いに分かち合うことができます。会話を

第Ⅰ部　セルフアドボカシーの理論　　**43**

円滑に進めるにあたって重要となるのは，会話に参加する話し手が，聞き手は何に関心をもっているのか，どのようなことを知っているのかといった心の状態を推論しながら，聞き手の注意をひきつけて，聞き手にとって理解しやすいように発話することです。一方，聞き手も受け身的に話し手の話を聞くのではなく，話し手が何についてどのようなことを伝えようとしているのか，話し手の心の状態について能動的に推論しながら発話を理解しようと試みることが大切です。このように，会話とは，話し手と聞き手が互いの意図を想定して協力しあう行為と考えられます。

Brinton and Fujiki (1989) によると，会話を成立させるためには，「話者交替」(turn taking)，「トピック操作」(topic manipulation)，「会話の修復」(conversational repair) の主要な3つの要素を習得する必要があることが提案されています。そこで，これら3つの要素の機能についてみていきます。

一つ目は，会話には，話し手と聞き手が役割を交替しながら話を進めていくという話者交替のルールがあります。1人の人が話し終えると，大きな遅れもなく，適切なタイミングで次の話し手が話し始めるといったように，ターン移行の適切な時を見極めて順番に発話をします。そして，2人以上の人が同時に話し始める重複（オーバーラップ）が生じた際には，どちらかが話を止め，相手に発話の機会を譲ります。このように会話では，ひとときに1人だけ話すという話者交替の基本的なルールに従うことが求められます。話者交替のルールは，語の使用が可能になった2歳代から成立し始めます。主に大人との会話の中で，子どもは挨拶－挨拶，質問－応答といったような隣接対の構造（発話のペア）を理解し始めます。そして，3～4歳代では，ターンの交替時に休止を用いることや，話者の休止に敏感になり始めます。また，話を続けたい場合は「～して，それで」（発話未完了辞）を用いることで，発話の順番を譲らずに保持したりします。このような経過を通して，幼児期後半に至ると，言語を介した話者交替の秩序を身に付けると言われています（秦野，2001）。

二つ目は，会話では，トピックの取り扱いが重要になります。話し手と聞き手との間で，何について話をしているのかが，相互に共有されることが重要であり，話が噛み合わないことは，深刻な問題の一つになります。トピックとは，話し手によって話される事柄であり，「会話区分における注意の中心」と

されます（Brinton & Fujiki, 1984）。トピックの始発，維持，終結は，トピック操作と呼ばれ，会話を組織化するための，または，他者と意図を共有するための重要な手段であるとされています（Brinton, Fujiki, & Powell, 1997）。2歳代では，言語を用いてトピックを始発することが可能になります（Foster, 1986）。トピック維持は，語彙・文法能力の増加に伴い，その機能が向上していきます（Bloom, Rocissano, & Hood, 1976）。2歳代から3歳代にかけて，大人の発話直後の子どもによるトピック維持の随伴発話が増加していくこと，加えて，たとえば，大人が「アイスがあるね」⇒子ども「いちごとチョコのアイス」と応答するように，トピックを維持した際に新しい情報を付加した応答が増加することが分かっています。さらに，3歳から4歳にかけては子ども同士の会話においても相手の発話に関連のある随伴発話が増加すると言われています（深田・倉盛・小坂・石井・横山，1999）。さらに，5歳児，9歳児，20歳代成人の同年齢の仲間による会話を検討したところ，成人におけるトピック維持の割合は，5，9歳児に比べて統計的に有意に高いことが見出されています。すなわち，学齢期の子ども同士は，次から次へとトピックを変えながら会話するのに対して，大人同士では少ないトピックで長い時間会話を維持することが可能になります（Brinton & Fujiki, 1989）。このように，トピック操作の能力は，幼児期から青年期にかけて発達していくことが分かっています。

　三つ目は，会話の中で生じた破綻を修復する方略です。会話では，話し手の発話に対して聞き手からの返答がない場合や予想と異なる応答があったりする場合があります。その際には，話し手は先行する発話を繰り返し伝えたり，言い換えたり，新たに情報を加えたりして伝え直しをして，会話の破綻を修復しようと試みます。一方，聞き手も，話し手の発話が十分に理解できなかったときには，「え？」や「なに？」といった漠然とした聞き返しをしたり，「もう少し詳しく話してください」と言って詳細な情報を求めたりして，会話が噛み合うように会話の修復を試みます。このような行為は明確化要求と呼ばれます。以上のように，会話の破綻が生じた際には，話し手と聞き手が，相互に協力して調整しあうことで会話を成立させていきます。2～3歳代では，母親の明確化要求（聞き返し）に対して，ことばの言い換えなどの修復方略を用いると言われています（常田，1995）。4歳代では，幼児同士の会話でも修復方略が使

用されること（永山，1996），さらに，児童期の9歳代では背景情報を用いて適切に修復することが報告されています（Brinton, Fujiki, Loeb, & Winkler, 1986）。子どもによる明確化要求の表出では，2歳代で，大人の発話が理解できない際に，先行発話を反復するなどの明確化要求の表出がみられるようになります（及川・長崎，2006）。そして，幼児期から児童期にかけて，明確化要求の表現形態は複雑化していきます。このように，子どもは，自分の発言を相手に分かるように言い換えるなどの「修復」と「明確化要求」を習得していくことで，会話の中で「交渉」する力が高まっていくと考えられます。

　ナラティブとは，過去の経験や架空の物語を語る行為であり，話者が行為や出来事を，目的，動機，意図，信念，感情，価値などの特定の視点から組織化して意味づける行為と言えます。

　ナラティブは，アカデミックスキルとの関連（Snow, 1983）に加えて，自己の発達（岩田，2001）や他者の心の理解の発達（仲野・長崎，2009）との関連が指摘されています。ここでは，自己の発達との関連について岡本（2005）の例を参考に述べます。ある子が4歳の誕生日を迎え，「今日から1人で寝る」と宣言し，昨日まではお母さんにベッドに送ってもらっていたのが，その日から一人で寝にゆくようになりました。昨日までは1人では寝られなかった「過去の自分との決別」と新しい自己の宣言と言えます。その子はその頃から「前はこの溝を飛べなかったが，4つ（4歳）だから飛べた」とか，「注射は痛かったが泣かなかった。先生が『強いね』とほめてくれた」というような自己についての言及が著しく増えてきたとのことでした。この例のように，子どもが「過去」と「今」の自己を比較しながら自己について物語ることを通して，自分自身の成長感を自覚するようになっていくことが分かります。岩田（2001）は，子どもが自分自身の経験を他者に語り，他者に共有してもらう中で，自己が時間的な拡がりをもつ統一的，連続的な存在として覚知されるようになり，アイデンティティが構成されていくと述べ，自己理解の発達におけるナラティブの重要性を指摘しています。

　ナラティブの発達は，子どもと親との過去経験についてのやりとりの中で始まります。子どもは，過去の体験をトピックとした親からの話しかけに対して，「はい－いいえ」で答えます。「昨日，水族館いったよね」と母親が言えば

「うん，おちゃかな」「いっぱーい！」と答えます。この回答自体はナラティブとは言えませんが，過去経験の再評価がみられる点でナラティブに結びつく要素があると言えます（荻野，2001）。このような親の足場かけ（scaffolding）を基盤として，子どもは自己や他者の過去経験を自ら語るパーソナルナラティブ（personal narrative）を産出するようになり，その後，読んでもらった絵本を再生したり，物語を構成したりするフィクショナル・ストーリー（fictional story）を生成するようになっていきます。仲野・長崎（2009）によると，ナラティブ構造には次のような発達過程があるとされています。パーソナルナラティブの発達では，3歳半で2つの出来事のみを述べるような単純なナラティブ，4歳では時系列的なナラティブや途中で話が飛んでしまう多方面ナラティブ，5歳頃には特定の出来事の重みづけを含むナラティブ，6歳以降は成人のナラティブにみられる典型的構成要素を全て揃えたナラティブが増えていきます。一方のフィクショナルストーリーの発達では，4歳では「因果性」を含まない「記述系列」や「行為系列」が多く，さらに年齢が高くなるほど登場人物の目的や登場人物の考えた目的達成のための計画といった内的状態への言及が増加していくとされます。以上のように，ナラティブ構造は，幼児期初期には関連性の低い少数の出来事が語られますが，やがて語られる出来事が増加し，出来事の時間的・因果的関連性が含まれるようになり，さらに，語り手は登場人物の心的世界を示す表現が増えるという傾向が，異なるナラティブタイプ間に共通してみられます。（吉井）

2 障害とコミュニケーション
──自閉スペクトラム症（ASD）を中心に

DSM-5に基づく自閉スペクトラム症（ASD；Autism spectrum disorder）の定義は，「A. 複数の状況で社会的コミュニケーションおよび対人的相互反応における持続的な欠陥，B. 行動，興味，または活動の限定された反復的な様式，C. 症状は発達早期に存在，D. 症状は，社会的，職業的，または他の重要な領域における現在の機能に臨床的に意味のある障害を引き起こしている，E. これらの障害は，知的能力障害（知的発達症）または全般的発達遅延では

うまく説明されない。」とされています（American Psychiatric Association, 2013, 髙橋・大野監訳, 2014）。

ASD 児の言語・コミュニケーション領域では，音韻，意味，統語の側面に比べて，言語の使用を取り扱う語用の側面の障害が重篤であると言われています（Tager-Flusberg, 1993, 田原監訳, 2003）。ASD 児・者の語用障害は，幼児期や児童期だけでなく，青年期においても重篤な問題として持続します（大井, 2006）。たとえば，従来アスペルガー障害と呼ばれた知的障害のない自閉スペクトラム症の人では，他者の欠点に気づくとそのままストレートに指摘してしまう，一言余計なことを言ってしまう，無駄話や他人の趣味の話に付き合うのを嫌がるといったことをきっかけとして，仲間関係をうまく築けない場合があります。あるいは，職場において，指示されないと自分からは動けないことから「自分のことしか考えていない人」と思われてしまう，営業職などの人と対面する仕事で，他人の考えや感情に配慮できず，自分の気持ちばかりを主張して相互交流が成り立たない，謝罪やお礼，挨拶，世間話，社交辞令などがうまく言えないことで，態度の悪い人として評価が定着し，職場にいづらくなってしまうことがあります（佐々木・梅永, 2008）。そして，このようなコミュニケーションの困難さをきっかけに社会的な引きこもりとなるような深刻な問題に発展する場合もあります。

ここでは，言語・コミュニケーションの発達レベルに合わせて，ASD 児・者の語用の側面の特徴について説明していきます。

「前言語レベル」の特徴としては，ASD 児では，興味のある物を指さして他者に伝える「叙述の指さし」があまりみられないこと，そして，「叙述の指さし」を産出しても，そこにポジティブな情動が十分に伴わないことが指摘されています（Kasari, Sigman, Mundy, & Yirmiya, 1990）。すなわち，ASD 児は，事物や経験した出来事について，他者と関心や情動を共有するコミュニケーションに弱さがあると言えます。

一語文や二語文の表出が可能な「言語レベル」の ASD 児では，語彙を獲得していても，そのことばを文脈に合わせて適切に使用することができず，伝達に失敗してしまう場合があります。たとえば，本人が困った際に「やって」や「（袋を）開けて」と言って他者に援助を要求することが難しかったり，苦痛を

感じている際に「いや」や「おしまい」と言って他者に拒否や抗議を伝えることがうまくできなかったりします。他者に援助を求めることばを用いる代わりに、たとえば、寝転ぶ、人に突進する、叩く、噛みつく、反復的行動を繰り返すといった社会的に望ましくない方略を用いたり（Prizant, Wetherby, Rubin, Laurent, & Rydell, 2006）、あるいは、CMソングやアニメの台詞（「助けて、○○」）などの文脈にそぐわないことば（遅延エコラリア）で拒否や援助を求めたりします。このようなASD児の意思表示は、他者の理解を得られずに孤立や仲間とのトラブルを引き起こしてしまう場合があります。

児童期から青年期におけるASD児・者の「談話レベル」の問題は、多岐にわたります。大井（2004）は、高機能広汎性発達障害の青年たちが抱えるコミュニケーションの困難さとして、微細なことでも柔軟に交渉できない、自分だけで長々と話し続ける、断りなしに話題を変える、相手を不快にすることばづかい、視線・表情・対人距離などの非言語的要素の問題、相手のことばの意味を推論できない、冗談・比喩・反語の理解が困難といった状態像を述べています。なお、このような語用障害の背景には、「心の理論」の欠如、「弱い中枢的統合」、「実行機能障害」などが関係していることが示唆されています（大井、2006）。

以下では、ASD児・者に実施された会話（話者交替、トピック操作、会話の修復）とナラティブの研究を中心にその特徴を述べます。

会話については、DSM-5におけるASDの重症度水準の中のレベル1の表記として、「会話のやりとりの失敗」が示されています（American Psychiatric Association, 2013, 髙橋・大野監訳, 2014）。

会話機能としての話者交替の問題について、アスペルガー症候群の人では、人の発言を遮ったり、他の人が発言していても発言したりする傾向がみられます。その要因としては、いつ話し始めるべきかの合図（ちょっとした間や、身振りやアイコンタクトが自分の発話の順番を決めること）が分からないことが考えられます（Attwood, 1998, 冨田・内山・鈴木訳, 1999）。小林・大井（1999）は、言語年齢が6歳代の自閉症児（生活年齢6：1〜17：5）と定型発達児の各群8名において、会話における重複（オーバーラップ）の特徴について検討しました。その結果、自閉症児は、相手の重複時の視線やアクション

第Ⅰ部　セルフアドボカシーの理論　**49**

などのターン交替の合図をみていない，また自らも合図を送らない，重複することで示される事柄（意図了解，共感など）を意識しない，コミュニケーションが滞っても重複後に発話の内容を変えるなどの修復をしないといった定型発達児ではみられない特徴をもつことを報告しています。

トピック操作について，アスペルガー症候群の人では，話題とは無関係な発言をすること，会話の焦点とは明らかに無関係なことを言ったり，質問したりすることがあります。これらの発言は会話の中の単語から連想されたことばだったり，前の会話のやりとりの中の断片だったりすることがあります（Attwood, 1998, 冨田ら訳, 1999）。トピック操作に関する研究では，異なる言語水準でその特徴を示すいくつかの報告がなされています。Tager-Flusberg and Anderson（1991）は，生活年齢と MLU（平均発話長）でダウン症児とマッチングさせた 6 名の自閉症男児を対象として，家庭における母親との相互作用を分析しました。その結果，自閉症児はダウン症に比べて随伴的発話が少ないこと，加えて，MLU が増加しても，自閉症児の相手のトピックに新しい情報を付加しての随伴発話は増加しなかったことを報告しています。Capps, Kehres, and Sigman（1998）は，自閉症児の会話における言語的・非言語的特徴について明らかにするために，発達遅滞児と言語年齢，知能指数，精神年齢でマッチングした自閉症児（CA11.9, MA8：9）15 名を対象として，実験者とのインフォーマルな会話を実施して分析を行いました。休暇や友だち等のトピックを提示して対象児と会話をしたところ，自閉症児は発達遅滞児に比べて，「先行トピックに関連した新しい情報の提供」，「オープン質問への応答」，「ナラティブ」，「相手の発話へのうなずき」が少ないことを指摘しました。一方で，自閉症児が自分自身の先行したコメントや質問を繰り返すことや特有で風変わりな発言が多かったことを報告しています。

一方，ASD 児における会話の困難さだけでなく，ASD 児のトピック維持能力の発達的変化も報告されています。Hale and Tager-Flusberg（2005）は，57 名の自閉症児（CA7：4, IQ77）における会話能力の 1 年間の変化を縦断的に測定した結果，1 回目から 2 回目にかけて，大人の先行トピックを維持する随伴的発話が増加していたことを報告しています。この結果からは，自閉症児が相互的な会話に参加するための随伴的発話を獲得していく可能性が示唆され

ています。

　会話の修復については，相手が不正確な発言をしたり，質問への答えが不明確だったりして，会話が混乱したときには，曖昧な点をはっきりするように求める必要があります。そうすることで，両者が同じトピックの会話を継続することができます。アスペルガー症候群の人では，「おっしゃっていることがよく分かりません」や「ちょっと考えさせてください」などと言うよりも，長時間かけてどう答えるべきかを考えるか，自分の好きな話題に変えてしまうことがあります（Attwood, 1998, 冨田ら訳，1999）。Volden（2004）は，学齢期のASD児（CA10：8, VA7：7）が，言語年齢でマッチングした非ASD児と同様に大人の明確化要求に対して応答するかどうかを検討しました。実験者は趣味，TV等を話題とした会話をする中で，対象児の発話に対して3回繰り返して明確化要求を行いました（子どもの発話→①明確化要求「なに？」→子どもの応答→②明確化要求「分かりません」→子どもの応答→③明確化要求「別の言い方で伝えて」）。その結果，ASD児群は非ASD児群に比べて明確化要求に対して不適切な応答（「トピックから離れた応答」や「無反応」）が多いことを報告しています。

　以上のように，ASD児・者は，会話への参加，そして，会話する中で自分の発話を修復して，相手に理解してもらえるように伝えることが困難であり，他者との「交渉」を苦手とすることが推察されます。

　ナラティブについては，高機能自閉症児がフィクショナルストーリーに比べて，自己経験について語るパーソナルナラティブの産出に困難を示すことが報告されています（Losh & Capps, 2003）。また，パーソナルナラティブでは，経験した出来事を一連の流れとして構成することに困難を示すことが指摘されています（仲野・長崎，2009）。また，ASD者のフィクショナルストーリーの産出に関しては，ストーリーの内容とは無関係の不適切な発言が多く，自分や他者の心的・情動状態を因果関係から捉えて語ることの少なさが指摘されています（李・田中，2011）。Bruner and Feldman（1993, 田原監訳，1997）は，高機能自閉症児におけるナラティブ産出の困難については，彼らが日常的経験の一連の行為の順序を報告することができても，日常的経験を日常会話に取り入れやすいように物語として符号化するといった動機づけの乏しさがその要因

第Ⅰ部　セルフアドボカシーの理論　**51**

であることを指摘しています。以上から，ASD児・者は経験した出来事を自己の内面と関連づけて意味づけて語ることに困難を示すと捉えられます。（吉井）

3 セルフアドボカシーに求められる提唱力とは

　前節では，コミュニケーションの発達とASDを中心とした障害について解説しました。第1章で述べたように，セルフアドボカシーを行使するには，自己理解とコミュニケーション力（提唱力）が求められるわけですが，発達障害がある場合は，いずれの困難さをも抱えていると言えます。だからこそ，支援が必要ではないかと改めて思うのです。そこで本節では，教育的視点から提唱力に焦点を当てて解説し，さらに，第Ⅰ部のまとめとして，周囲，すなわち各人ができることについて考えてみたいと思います。

（1）提唱力とは

　本書では，これまでにも「提唱力」という語をしばしば用いてきました。あまりなじみのない語と言えるので，まずは，本書での定義を示しておきたいと思います。

　私たちは，何か行動するとき，夢の実現に向かって進むとき，自立を目指すときに何をすればいいか分かっていても独力でできないときや，環境整備が必要なときがあるでしょう。そんなとき，周りの人に支援を求めたり，助言を得たりすることがあると思います。障害があればなおのことです。当事者自身が環境を変えるために必要な支援を相手に伝えていく（訴えていく）力を本書では，「提唱力」とします。類義語として「支援要請」ということばが現在，発達障害のある学生が支援を得ていくときに使われますが，「要請」と「提唱」は少し異なると思っています。『広辞苑』（第5版，岩波書店）によると，要請とは「強く請いもとめること。必要とすること。」であり，提唱とは「ある事を提示して主張すること。」とされています。セルフアドボカシーにおいては，確かに，必要とする支援を求めるという意味で，要請ということばも適しているとは思います。一方で，提唱とすると，「主張」ということばが入り，

52

セルフアドボカシーのうちの権利の視点とつながるのではないかと考えます。なお，英語のアドボカシー（advocacy）の意味には，「主張」や「唱道」という意味があり（『リーダーズ英和大辞典』大修館書店），後者の「唱道」は「自ら先に立ってとなえること。」とされています（『広辞苑』）。このように英語の意味合いに少しでも近いものと，加えて，支援を求めるときに，相手にその必要性を感じてもらい，かつ，こういう支援がいいのだけれど，と提案するというニュアンスを込めて，本書では「提唱力」という語を使いたいと思います。

　ところが実際，提唱したとしても，当初望んだ支援が必ずしも得られるとは限りません。そうしたときに，「ではこちらではどうでしょうか」，と代替案を示したりして「交渉」していくことも必要になってきます。したがって，セルフアドボカシーにおいては，相手にただ伝えるだけではなく，分かりやすく具体的に伝え，交渉し，支援を獲得していくだけの言語力，とりわけ社会性を伴うコミュニケーション力が求められるのではないでしょうか。ここで求められているコミュニケーション力は，たとえ，語彙数が豊富であっても，流暢にしゃべれても，相手の立場を考え，それにふさわしいことばづかいで，相手の反応によって柔軟にことばを返していく力が含まれることから，大変高度なコミュニケーション力が求められていると言えます。この場合，先の節でもあったように，障害，特に発達障害がある場合には，容易なことではありません。一般的に発達障害のある人は，自分が何をしたいのか，それを達成するためにどのように援助してほしいのかを伝えるのが苦手なことが多いようです。そのため，本来こういうことはあってほしくないのですが，支援を求めたのに受け入れられなかったということが多々見られるのだと思います。実際これまで関わった人の中でも，支援を得たいにもかかわらず，日常会話で用いないような難解な熟語を用いて，相手の知識を試すような言い方をしたり，権利だから支援されて当然だという態度を前面に出して（支援を得る権利があることは確かですが）相手が引いてしまったり，強い口調で何度も言うために相手が煙たがったり，というような場面がありました。よくよく聞いてみると，当の本人にはそんなつもりはまったくなかったようですが，相手に誤解を与えてしまったようです。また，いざ支援が提供されるとなったときには，具体的に何をどこまでしてほしいか伝えることで話が進みやすくなることがあります。もちろ

第Ⅰ部　セルフアドボカシーの理論　　**53**

ん，支援提供者側が選択肢を与えて，当事者の意図を伝えやすくするという場合もあります。この場合においても，当事者がその選択肢が妥当かどうか判断し，自己決定していくことが望ましいわけで，このときには，明確に意思表示できるようなことばの力が求められるのです。したがって，特に発達障害のある人の場合，自分の困難さが外から見えにくいこと，困難さの状態が個々に大きく異なることや，後述する周囲の理解が不十分なことが否めない現状を考えると，いかにコミュニケーション力が提唱力として重要であるが分かるでしょう。

(2) 提唱力と教育

　自分の意思を明確に伝える際には，相手が言っていることを適切に理解する言語理解力も必要になります。「はいはいはいはい」という生返事ではいけませんし，分からないことばがでてきたときには「○○が分かりにくいので教えてください」と尋ねることも必要です。これらは，セルフアドボカシーという限られた場面のみならず，学校や職場，社会における日常的な場面でも求められることだけに，セルフアドボカシーと関わらせてコミュニケーション力の向上として自立活動などの指導に盛り込まれるとよいのではないかと思います。具体的な教育方法としては，前章で述べた自己理解を前提として，系統的な指導の下，「実践的」に身に付けることが求められることでしょう。「実践的」にというのは，単に言い方をマニュアル化して練習すれば身に付くというものではなく，各々の環境（状況）において，どこまで「提唱」していけばいいかという状況判断力を付けつつ，提唱したときの，相手の受け止めや対応を踏まえて交渉していくような柔軟性を備えた力として捉え，それらを育てていきたいものです。

　さらに，先述した本人の意図や願いが届かない場合や，やむを得ない理由で支援を断られた場合にも，必要以上に落ち込んで，そこで終わりとするのではなく，場面や相手により支援の求め方を変えて再度説明したり，提唱していく力も必要となります。そもそも，セルフアドボカシーとは，人生の中で1度行使すれば終わりというわけではなく，また，1つの方法を知っておけば済むわけでもありません。その都度得られる結果も異なったりすることから，提唱

力を含むセルフアドボカシースキルの維持と向上が求められるのです。このことから，提唱力を身に付けさせるには，当事者が支援の必要性を感じている，必然性をもった場面において誰にどのように言えばいいのか言語化させてみるところから始まります。その発したことばにより，相手がどう感じるか伝え，よりよい言い回しがあるか共に考えていく活動もできるでしょう。したがってペアや小集団（ピアグループなど）での学習がよいと思います。しかし，発達障害の場合，要点を押さえて自分の意見をまとめることが苦手であったり，その言い回しがなぜ適切でないか理解しづらい（相手の受け取りが悪いと感じる）ことがあります。このことから，発したことばを板書に示すなど，見えるように，見返せるようにするのも一つの方法だと思います。ASD の人は，書字で示すと冷静に受け止められることがあります。このことからも話しことば，書きことばを駆使して提唱力を伸ばすとよいでしょう。（片岡）

4 セルフアドボカシーを取り巻く周囲の理解
──セルフアドボカシーを成功に導くために

さて，これまでセルフアドボカシーに必要な自己理解と提唱力について述べてきましたが，もう一点セルフアドボカシーを成功させるために必要なことがあります。それは，「受け止める側の力量」とでも言えるでしょう。すなわち，いくら，当事者が自分のことをしっかりと理解して，適切なことばづかいで支援を求めたとしても，受け手が話をきちんと聞かない，内容をしっかり吟味することなく却下してしまう，ということがあると，結果的にその交渉は不成立，つまり支援を得ることができなかったということになります。発達障害からきている困難さを，「甘え」や「怠け」と捉えて「あえて」支援をしない例はまだ多く存在するようですが，このようなときには，当事者が困難さを，科学的に説明する必要さえ出てきます。「勇気を出してお願いしたのに断られた」という負の経験は，次にセルフアドボカシーを行使するモチベーションを下げることにつながり，「どうせ頼んでも無駄だから」とその行動そのものをやめてしまうことにもつながりかねません。たとえば古井（2012）は，「ある人が『自己決定』が困難であるか否かは，その人の置かれてきた環境と，その

人の存在や行動を解釈する他者との関係によって左右される」(p.65) と述べており，周囲の環境によってセルフアドボカシーにとって重要な要素となる自己決定の成否が分かれることを示しています。そして，人間相互のみでなく，人々の外と内に渦巻き，支援に影響を与えるであろう社会の法制度や環境の整備が必要なことは言うまでもありませんが，日本ではその整備状況が不十分であることが大きな課題となります。ですから筆者は，第1章で示したように，セルフアドボカシーで重要なことの中に，「支援のありかがわかること」を入れています。しかし，今置かれている環境下でどんな支援が可能なのかや，支えてくれそうな援助者の存在を見出すことは簡単ではありません。とりわけ，セルフアドボカシーを用いるような場面は，入学したときや就職したときなど，新しい環境下で必要となることも多いからです。したがって，ここでも，周囲の理解，なかでも当事者が支援を求めやすい環境づくりがセルフアドボカシーの前提として求められると言えるでしょう。

　現在，大学における発達障害学生支援が整いつつあります。障害学生支援室やこれに類似するような場所が作られたり，担当者を配置したりしています。10年ほど前は，保健管理センターのような場で対応し，車いすのマークを掲げて「発達障害についての相談もどうぞ」というようなことも多くみられました。これは日本に限ったことではないのですが，車いすとは関係のない発達障害学生にとっては，このマークだけで「自分には関係がない場所だ」と判断し，相談と結びつかなかったというエピソードがあります。また支援の求めやすさで言えば第1章でもふれたニュージーランドの大学では，ワンストップサービスを心掛けていました（片岡，2015a）。ワンストップサービスとは，学業面でも，対人関係面でも，大学で困ったことがあれば，まずは，ここに来て相談をしてもらい，そのあと，適切な担当部署に割り振るというものです。先述したように，誰に支援を求めるかを知ることは大切です。しかし，同じくらい，ここに来てくれたら対応します，と支援提供側もしっかりと明示していくことも重要だと思います。それによって，よりセルフアドボカシーが行使しやすくなるというわけです。

　さて，場所が分かったところで，次に出てくるのが，支援内容の決定過程です。合理的配慮の場合，このプロセスは明確に規定され，委員会などで複数の

人が関与して決定されると思います。しかしそこまで公的な支援でなかったとしても，どのような過程で支援提供が決まるのかを見える形で示したり，ルールづくりをしておいたりすることは重要です。また仮に，当初の希望通りに支援提供できないとしても，その理由や，代替案を示さないことには，当事者として納得できるものではありません。これは，障害者差別解消法による「合意形成」が必要であるというところにあたります。

　当事者が支援を求めるとき，診断書あるいはそれに類似した形で文書の提示を求められることは少なくありません。それは，他者との平等性を図るうえで，また，支援ニーズの程度を知るための参考資料とするためでもあるでしょう。しかし，当事者にとっては，初対面の人に苦手な面（障害）を開示することともつながり，このことが新たなスティグマを生む恐れもあります。支援ニーズは，その置かれている環境との関係の中で増減しますから，必ずしも，その人の障害の程度がニーズの大きさと直結するとは限りません。しかし，障害や支援ニーズについての理解が浸透しているとは言えない現在の社会においては，結局その人が何の障害があるかということで支援内容が判断されてしまったり，頼んでもいない支援までお節介にも提供されて，結果的にレッテルを貼られた状態になったりすることも起きているのです。たとえばある事例では，担当教員に評価について相談に行ったところ，「障害がある」というところだけを理解し，「じゃあ君は，出席すればそれでいいよ」と，出席重視ということで「配慮」されてしまいました。こうした例は，最近は減ってきているようですが，特別な例ではなく，当の学生は，自分の力を適切に評価し，また他学生と「平等に」評価してほしかったにもかかわらず，評価基準が変えられてしまったわけです（片岡，2015b）。文科省所管分野事業における「『差別解消法』の対応指針」（2015年11月）では，合理的配慮の提供は「目的，内容，機能の本質的な変更には及ばない」とされています。このことから，改めて，本来の目的とは何かに立ち返り，当事者が求めていることとのすり合わせが必要でしょう。

　一方，障害の有無に関係なく，人に頼みごとをして断られると，悲しい気持ちになります。そういう場合もあるさ，とやり過ごせればよいのですが，一生懸命お願いしてもうまくいかないわけですから，そういうことが続くとエネル

ギーを消耗します。また，その「頼み事」が学業成績や入試，就職などと関わる場合には，当事者にとって死活問題にもなってきます。つまり先にも述べたように，セルフアドボカシーが自分が望む形で叶わないという経験を多く積むことで，その後の活用への意欲が低下することが懸念されるわけです。このことからも，セルフアドボカシーの成功体験は，とても重要だと思います。他方，先の例のように，配慮されすぎることは，かえって「障害」を意識させ，「できない学生」と見られていると感じさせてしまう点で，自尊感情の低下につながることになります。「適切な」支援提供というのはやはり双方のコミュニケーションのうえで成り立つものでしょう。そして以上のことからも，障害理解，合理的配慮，支援提供の方法などについては，一般社会への啓発が必須だと思われます。

　啓発について周囲が行うべきこととしては，そもそもセルフアドボカシーがいかに重要であるかということ，そしてその方法について，当事者と共に学んでいくような研修があります。そのうえで，当事者が支援を求めてきたとき（セルフアドボカシーを行使したとき）に適切に対応できるよう支援提供の流れをシステム化しておき，関連部署との情報共有を行いやすくしておくことがあるでしょう。さらに，より連携を活性化させるために，障害学生支援室と各教員の間に，アドバイザーや，連絡員などの「委員」をつくるということがあり（片岡，2015a），これは最近日本でも始まっていることではないでしょうか。なおニュージーランドは，適切に対応した担当者（障害学生支援室の職員ではなく，主に教員）に対して表彰を行うことで，教員のモチベーションをあげる工夫も行っていました。もちろんこれらと同時に，日頃から教職員研修やPTA講演などで障害の理解と啓発を行っておくことは基本です。また，ユニバーサルデザインや，大学等で行われる教職員を対象にした教育研究や管理運営の研修である，ファカルティ／スタッフディベロップメント（FD/SD）などと連動させて，組織全体の質向上を求める活動とともに行うとさらに効果が出るでしょう。

　しかし，障害理解は，一朝一夕で深まることではありません。したがって，継続的な障害理解教育が必要となります。障害者の権利に関する条約第8条第2項（b）では，「教育制度の全ての段階（幼年期からの全ての児童に対す

る教育制度を含む。）において，障害者の権利を尊重する態度を育成すること」とあります。柳澤（2011）も，幼児期からの継続的な障害理解教育が必要だとしています。現在，学校教育では，障害理解のための教育が大切だと考えられてはいますが，「交流および共同学習」として，あくまでも「交流」にとどまり，障害があるから理解してあげようね，支援してあげようね，と，大変さやできないこと（マイナス面）に焦点化し，「してあげる関係」を強調しがちです（冨永，2011）。ましてや発達障害のような外から見えにくい障害の場合は，なかなか学ぶ機会すらないのが現状のようです。障害理解を深める際には，対象者の心身状態に合わせることに加え，教えるべき内容を吟味し順序立てていく「指導の系統性」が求められるため，教育的視点が欠かせないと言えるでしょう（片岡・金丸，2013）。具体的には，お楽しみ給食のように行事化したり，小学校4年時に1度だけ特別支援学校のお友だちと交流するなどと単発的に行うのではなく，発達段階に応じて系統的に行うということです。通常の学級に在籍している発達障害のある子どもを考えると，その学級に在籍している子どもの障害だけを取り上げるよりも，広く障害種を扱い，情緒や規範的なことのみでなく，障害の科学知識やICF，法制度について年齢に応じて学ぶ機会が増えることで，インクルーシブ社会の実現にもつながるのではないでしょうか。また知識だけでなく，実際に接する機会を設けたり，教員が当たり前のように支援を行っている環境下で過ごしたりすれば，そこにいる子どもも自然と真似をして支援できるようになるでしょう。特別な支援をさりげなく行うことで，自己肯定感を下げることなく支援の行き来が可能になるのではないかと期待しています。そしてこのことがセルフアドボカシーを行使しやすい社会づくりにつながると思っています。

　そこで第Ⅱ部では，セルフアドボカシーの獲得に働きかけた実践とそれに関連した診断告知や周囲の障害理解に着目した実践について紹介します。（片岡）

【引用・参考文献】

Attwood, T. (1998) *Asperger's syndrome. A Guide for Parents and Professionals.* Jessica Kingsley Publishers, London. 冨田真紀・内山登紀夫・鈴木正子訳（1999）ガイ

ドブック　アスペルガー症候群：親と専門家のために，東京書籍.

American Psychiatric Association.（2013）*Diagnostic and statistical manual of mental disorders. Fifth Edition: DSM-5*. Washington, D.C: American Psychiatric Association. 髙橋三郎・大野裕監訳，染矢俊幸・神庭重信・尾崎紀夫・三村將・村井俊哉訳（2014）DSM-5　精神疾患の分類と診断の手引き，医学書院.

Bloom, L., Rocissano, L., & Hood, L.（1976）Adult-child discourse: Developmental interaction between information processing and linguistic knowledge. *Cognitive Psychology*, 8, 521-552.

Brinton, B. & Fujiki, M.（1984）Development of topic manipulation skills in discourse. *Journal of Speech, language, and Hearing Research*, 27, 350-358.

Brinton, B. & Fujiki, M.（1989）Conversational management with language-impaired children. *Pragmatic assessment and intervention*, Mayland: Aspen publishers, Inc.

Brinton, B., Fujiki, M., & Powell, J. M.（1997）The ability of children with language impairment to manipulate topic in a structured task. *Language, Speech, and Hearing Services in Schools*, 28, 3-11.

Brinton, B., Fujiki, M., Loeb, D., & Winkler, E.（1986）Development of conversational repair strategies in response to requests for clarification. *Journal of Speech, language, and Hearing Research*, 29, 75-81.

Bruner, J.S.（1983）*Child talk-learnig to use language*. Oxford University press, London. 寺田晃・本郷一夫訳（1988）乳幼児の話しことば：コミュニケーションの学習，新曜社.

Bruner, J. S. & Feldman, C.（1993）Theories of mind and the problem of autism. In S. Baron-Cohen, H. Tager-Flusberg, & D. J. Cohen（Eds.）, *Understanding other minds; Perspectives*. from autism and developmental cognitive neuroscience. Oxford University Press, Oxford, UK, 267-291. 田原俊司監訳（1997）心の理論：自閉症の視点から（下），八千代出版.

Buckley, B.（2003）*Children's communication skills. Routledge*. 丸野俊一監訳（2004）0 歳～5 歳児までのコミュニケーションスキルの発達と診断：子ども・親・専門家をつなぐ，北大路書房.

Capps, L., Kehres, J., & Sigman, M.（1998）. Conversational abilities among children with autism and children with developmental delays. *Autism*, 2(4), 325-344.

Foster, S. (1986). Learning discourse topic management in the preschool years, *Journal of Child Language*, 13(2), 231-250.

深田昭三・倉盛美穂子・小坂圭子・石井史子・横山順一（1999）幼児における会話の維持：コミュニケーション連鎖の分析，発達心理学研究，10(3)220-229.

古井克憲（2012）日本における知的障害者の当事者活動・当事者組織：先行研究の分析と整理を通して，社会問題研究，61, 59-68.

秦野悦子（2001）社会的文脈における語用論知識の発達．秦野悦子編　ことばの発達入門，第5章，大修館出版，116-145.

Hale, C. M., & Tager-flusberg, H. (2005) Social communication in children with autism. The relationship between theory of mind and discourse development. *Autism*, 9(2), 157-178.

Hughes, D., McGillivray, L., & Schmidek, M. (1997) *Guide to narrative language: procedures for assessment*. Super Duper Publications.

岩田純一（2001）〈わたし〉の発達：乳幼児が語る〈わたし〉の世界，ミネルヴァ書房.

Kasari, C., Sigman, M., Mundy, P., & Yirmiya, N. (1990) Affective sharing in the context of joint attention interactions of normal, autistic, and mentally retarded children. *Journal of Autism and Developmental Disorders*, 20(1), 87-100.

片岡美華（2015a）海外における発達障害学生への支援：学びの保障と自己権利擁護，障害者問題研究，43(2), 27-35.

片岡美華（2015b）ASD の青年の事例からみる支援を求める力の維持と活用に必要な視点，日本特殊教育学会第53回大会（自主シンポジウム60）『発達障害のある子どもの対人関係力を育てる：ASD 児の他者とかかわる力を育てる支援』.

片岡美華・金丸彰寿（2013）セルフ・アドボカシー・スキルを育てる教育プログラムの有効性，日本 LD 学会第22回大会発表論文集，514-515.

小林早苗・大井　学（1999）自閉症児との会話に生じるターン重複と会話過程の特徴，特殊教育学会第37回大会論文集，203.

李　熙馥・田中真理（2011）自閉性スペクトラム障害者におけるナラティブ研究の動向と意義，特殊教育学研究，49(4), 377-386.

Losh, M. & Capps, L. (2003) Narrative ability in high-functioning children with Autism or Asperger's syndrome. *Journal of Autism and Developmental Disorders*, 33(3), 239-251.

長崎　勤（2001）「心の理解」とコミュニケーションの発達. 秦野悦子編　ことばの発達入門, 第6章, 大修館書店, 146-172.

長崎　勤・小野里美帆（1996）コミュニケーションの発達と指導プログラム：発達に遅れをもつ乳幼児のために, 日本文化科学社.

永山友子（1996）幼稚園児の会話の分析：音声言語による repair のストラテジーを中心に, 筑波応用言語学研究, 3, 65-78.

仲野真史・長崎　勤（2009）ナラティブの発達と支援, 特殊教育学研究, 47(3), 183-192.

荻野美佐子（2001）物語ることの発達. 秦野悦子編　ことばの発達入門, 第7章, 大修館書店, 173-193.

及川裕美・長崎　勤（2006）2, 3歳健常幼児と広汎性発達障害児の明確化要求と修復の発達：玩具遊び場面における母子会話の分析を通して, 日本発達心理学会第17回大会発表論文集, 593.

岡本夏木（2005）幼児期：子どもは世界をどうつかむか, 岩波書店.

大井　学（2004）高機能広汎性発達障害をもつ人のコミュニケーション支援. 障害者問題研究, 32(2), 110-118.

大井　学（2006）高機能広汎性発達障害にともなう語用障害：特徴, 背景, 支援. コミュニケーション障害学, 23(2), 87-104.

Prizant, B. M., Wetherby, A. M., Rubin, E, Laurent, A.C., & Rydell, P.J.（2006）*The SCERTS Model. A comprehensive educational approach for children with autism spectrum disorder.* Paul H. Brookes PublishIng Co.

佐々木正美・梅永雄二監修（2008）大人のアスペルガー症候群, 講談社.

Snow, C.（1983）Literacy and Language: Relationships during the Preschool Years. *Harvard Educational Review.* 53, 165-189.

Tager-Flusberg, H.（1993）Language and understanding Minds: Connections in Autism. Baron-Cohen, S., Tager-Flusberg, H., & Cohen, D.（1993）Understanding other minds: perspectives from autism and developmental cognitive neuroscience.

言語は自閉症児の心の理解について何を明らかにするのか．田原俊司監訳　心の理論（上）：自閉症の視点から，第7章，八千代出版，195-222.

Tager-Flusberg, H. & Anderson, M. (1991) The development of contingent discourse ability in autistic children. *Journal of Child Psychology and Psychiatry*, 32(7), 1123-1134.

Tomasello, M. (1999) *The cultural origins of human cognition.* Harvard University Press. 大堀壽夫・中澤恒子・西村義樹・本田啓訳（2006）心とことばの起源を探る：文化と認知，勁草書房，71-123.

冨永光昭編著（2011）小学校・中学校・高等学校における新しい障がい理解教育の創造：交流及び共同学習・福祉教育との関連と5原則による授業づくり，福村出版.

常田秀子（1995）母親の明確化要求と子どもの心的世界の理解，東洋大学文学部紀要　教育学部・教職課程編，21, 149-164.

Volden, J. (2004) Conversational repair in speakers with autism spectrum disorder. *International Journal of Language & Communication Disorders,* 39(2), 171-189.

柳澤亜希子（2011）障害理解教育の意義と方法，大沼直樹・吉利宗久共編著　特別支援教育の基礎と動向：新しい障害児教育のかたち〔改訂版〕，培風館，203-212.

第Ⅱ部
セルフアドボカシーの支援の実際

実践事例 1

他者に思いをしっかりと伝えられる
自分づくりの支援
——「セルフアドボカシー教育プログラム」を受けた高校生の事例を通して——

金丸　彰寿

1 はじめに──事例の概要

　筆者は，G 大学大学院在学中に発達障害のある高校生らに対する自己理解支
援に関わってきました。本事例では，筆者がこれまで関わってきた方たちとの
経験をもとに，個人が特定されない程度に再構成しつつ，支援の実際を通して
その成果や課題を述べます。以下に紹介する事例は，個人情報の保護の観点か
ら事例を複数合わせ，典型例として述べています。

　本章で述べる高校生の A 君は，アスペルガー症候群（小学校低学年時に受
診。現在は自閉スペクトラム症。以下，ASD）と学習障害（高校時に受診。以
下，LD）の診断を受けています。A 君は，教師たちとのコミュニケーション
の取りづらさや学力不振などの困難さがあったため，G 大学での個別的支援を
受けにきました。当初の彼は，障害特性からくる困難さに悩まされていました
が，同時に他者への不信感が強く自分の思いや意見を言うときに攻撃的な姿勢
を見せました。

　こうした課題をもつ A 君に対して，自分がかけがえのない存在であること
を認めつつ，しっかりと他者に思いを伝えられるように，「セルフアドボカ
シー教育プログラム」（以下，SA プログラム）が行われました。なおセルフア
ドボカシー（以下，SA）とは，自分のもつ障害特性からくる苦手なことを捉
えつつ，他者に説明し，支援を求める力であるとされます（片岡，2010）。

2 SAプログラムの概要──学習活動とねらい

SAプログラムでは，A君がG大学に訪問して，基本的に毎月1回程度，およそ90分間プログラムが行われました。A君と筆者たちプログラムのスタッフが相談して，毎月のプログラムの回数を増やしたり（毎月2，3回など），プログラム時間の延長を行ったりすることもありました。スタッフは，大学教員，筆者，大学院生，学部生の4人が中心でした。

SAプログラムは，3つの学習活動から成り立ち，次に述べる順序で実施され，また，それぞれにねらいがあります（表Ⅱ-1-1）。

第1に，近況報告です。この学習活動では，A君とスタッフが，学校生活や家庭での様子について近況報告を行いました。この活動のねらいは，スタッフとの信頼関係を高めることに加えて，A君が自らの気持ちや思いをスタッフに語ることで，自らの経験や考えを振り返ることです。

第2に，自己理解向上をねらいとしたワークシートを用いた活動です。このワークシートは，"I am Special"（Vermeulen, 2000）を翻訳したものであり，内容としては，人間の身体の名称，体の仕組み，内面，長所と短所，脳の働き，障害などで構成されています。1回のプログラムにつき，1つのテーマに関するワークシートを用いましたが，A君の調子やワークシートの内容によって増減することもありました。

第3に，A君の進路や具体的な方向性についての語り合いです。この活動では，A君の状況に応じて，語り合うテーマを定めて話したり，もしくは近況報告やワークシートの内容を深めたりすることもありました。この活動のねらい

表Ⅱ-1-1　SAプログラムの概要

順序	学習活動	内容	備考
1	近況報告	近況を報告し合い，それについて語り合う	スタッフも自身の近況を報告することもある
2	自己理解を深めるワークシート活動	ワークシートを用いて，自己について語り合う	ワークシートの内容とA君の様子を関連させつつ，活動させる
3	進路や具体的な方向性	将来の進路やそれに向けた対策（支援要請も含む）について語り合う	ワークシートや近況報告の内容を発展させることもある

は，A君がプログラムで身に付けた知識を活用し，それを働きかける対象（他者）の選択や決定を行い，支援を要請する力（提唱力）につなげることです。

なお筆者を含めたスタッフは，プログラム終了後に，プログラムの記録をもとにA君の様子や学習活動を振り返るなど，次回のプログラムに向けた検討会を毎回行いました。

このSAプログラムは，A君の高校時代3年間を通じて行われました。さらにプログラム終了後には，スタッフがA君とときどきメールをしたり，直接会って近況を報告し合ったりするなどのフォローアップを行いました。

3 SAプログラムにおけるA君に対する支援の経過

本節では，SAプログラムを受けたA君の様子の変容について述べていきます。その際，スタッフのA君への関わりと併せてプログラムの内容について具体的に述べたいと思います。

まずプログラム当初のA君は，スタッフなど周囲への不信感をむき出しにする姿が見られました。彼は我々に対して，「たらい回しにされた」「なぜここにこなくちゃいけないんだ！」「僕を卑下しているのではないか」と憤りと悲しみに包まれた姿をさらけだしました。そしてSAプログラムの目的について説明すると，「僕にその力がないということですか」「こんなところに呼ばれるくらいだから，僕はどこかおかしいんだろう」と話し，さらに「僕は検体（筆者注：モルモット）ですか」と，このプログラムをある種の実験とみなしていました。またA君は，家族の名前や住所を漢字で書けない，電話番号が分からないなど，高校生までの生活経験を書き言葉で表していくという学校教育での学びを充分に活かしきれていませんでした。こうしたA君の姿は障害特性に起因するところもありますが，より深刻なのは，彼は，これまで周りにいた人の無理解や偏見を受けた経験も重なり，「何もできないのは自分がおかしいからだ」と受け止めてしまい，障害に関する科学的根拠によらない障害理解をしていたことです。

A君は，スタッフと対話する中で，怒鳴ったりそっぽを向いたりするなど我々に対して，いわば鎧で覆う自分を装うことが多かったです。しかし，ス

タッフの意見に納得すれば，それを素直に受け止めるという姿も見せました。

(1) 自分を見つめて他者と向き合う——近況報告

　近況報告の活動の当初は，A君は，スタッフの顔を見ることもなく伝えることもないと言っていました。ですからスタッフは，「学校では今何を勉強しているの？」と具体的に質問したり，「マイブームとかある？」といった他愛のないことを聞いたりしました。また彼に質問するだけではなく，筆者が「今，僕は大学でこういうことを勉強してて……」と近況報告をしたり，他のスタッフの近況報告を聞いて，スタッフ内でそれについて語り合ったりということをしました。

　そうするうちに，A君も自分の考えや過去の経験について語るようになりました。その内容は，読書が好き，ことばが好き，人間観察が好きなどの自分の好きなこと，または学校で同級生にからかわれたことなどでした。こうしてA君は語り合いを通して，徐々に視線を合わせ，姿勢を我々に向き直して，コミュニケーションを取ろうとするようになりました。

　また，高校での学習の近況については，できないことを親や障害だけでなく，自分の努力のなさも原因にあると話すなど，その正誤はともかく自分を振り返る姿も見られるようになりました。さらに高校生という状況も重なり，彼は進路の悩みや将来の夢を話してくれるようになりました。けれども，A君の進路はうまく決まりませんでした。加えて，学校では先生たちが彼の思いや力の把握があまりできておらず，よい相談相手になりきれていない印象を受けました。A君は，自分で仕事について調べてスタッフにも話してくれましたが，その仕事の多くは現実的ではないものでした。スタッフがA君に「その仕事はどうかなあ」と聞き返すと，彼は容易に共感や同意はしませんでした。

　あるとき，学校での対人関係を話すことがありました。A君は，クラスメートとケンカしたそうです。学校の教員はA君にケンカの原因があるとみなして，しかも彼は反省していないから反省文を書けと一方的に伝えられ，彼はそれに憤りを感じていました。筆者たちは，この事件について，「なぜ，どこで，どのように，ケンカが起きたのか」という視点で，ホワイトボードに時系列的にまとめつつ話を聞きました。そして，その図を見ながら語り合うこと

第Ⅱ部　セルフアドボカシーの支援の実際　　**69**

で，A君は，自分が相手に伝えたことと実際に相手に対して思っていることが違う（「自分も少し悪いところがあった」「少し言いすぎた」など）ことを，捉え直しました。

(2) 障害のある自分を理解していく――ワークシートの活用

　A君に対しては，近況報告の次の活動であるワークシートの活動を通して，彼の自己への理解を深めさせるように促していきました。この活動は，上述したさまざまな内容に関するワークシートを彼に記入してもらい，それをもとに話し合いをしていくものです。まず，自分が思う得意なことや苦手なことを書いてもらいました。その後に人から見たそれらについて，スタッフとA君が記述し合って話し合うことを行いました。A君は，あるスタッフから「プレゼンテーションの能力が優れていると思うな」と言われて，うれしそうな表情を見せました。きっと，これまで見えなかった自分の良さを他者から認めてもらえたと思ったのでしょう。一方，A君は，スタッフから見た自分の不得意なところ（感情表現）も指摘されました。筆者はそのとき「A君は反論するかな」と思いましたが，彼は，自分の感情について「意図的に聞かれないと自分の感情が分からないし，伝え方，感情表現の仕方が分からない」と素直に答えてくれました。

　A君には，感情という可視化しづらいことへの自身の捉えの弱さに加えて，自分の体の捉え（ボディイメージ）のゆがみも見られました。たとえば筆者から見ると彼は痩せた体型でしたが，ご飯を食べないなどの過剰なダイエットを行ったことがありました。そこで「人間の身体」のワークシートとともに，「標準体重についてはBMIという考え方があるよ」「バランスよく栄養をとること，食事をとる楽しさって何だろう」といった，人間の身体や栄養管理に対する科学的知識と人間の心理的側面との関わりについて伝えることを少しずつ行いました。するとA君は，徐々に自分の体型を受け入れ，ボディイメージも具体的に捉えられるようになりました。

　自分の得意なこと，苦手なことという力の把握を行った後，障害に関するワークシートを行いました。ASDの特性に関するワークシートを行ったときのことですが，A君が，小学生のときに，「『アスペルガー』ということばを聞

かされたけど，具体的な症状は小3か小4の頃，自分で調べて知った。小学生向きの本だったので読んで意味が分かった」という経験を話してくれました。その経験を踏まえて，彼は，自分のことを「やっぱり変わり者なんだな。他人から後ろ指さされるのはやっぱりこのせいなのかな」と話していました。

　ワークシートは，ASDに関する内容が中心でしたが，あるとき，LDについての自分の考えを話してくれました。このとき，A君はまだ学習障害の診断は受けておらず，その疑いがあるとみなされていました。「中学2年生の頃に（自分が）LDと思った。（その当時は）合併症ということばで扱われていたので知っていた。診断を受けてLDだと分かれば生き地獄だなと思う」という発言に続けて，彼は「それでも診断を受けたいのは私の努力不足のせいなのか，やっぱり障害のせいかというのは，白黒はっきりつけたいから」と話してくれました。

　こうして，彼はLDの診断を受けることになりました。なお診断が下るまでに，診断の意味や障害特性を自分で知ることが，自身の生活や学ぶ権利の行使につながることを大学教員から伝えられていました。こうしてA君は，障害について「前向きですね。まあ仕方ないと割り切ってますね。それ以上もそれ以下もありません」とある程度，客観的に受け止められるようになりました。しだいに，A君は障害のある自分もいいところがあると肯定する面を見せるようになりました。あるとき，ASDの登場人物が出てくる映画を筆者に紹介し，「そこに出てくる人が私に似ている気がして」「あの人は，他の人と衝突することが多いけど，それは自分の意見が相手に理解されないから。そんなところも面白い」といった登場人物と自分を重ね合わせる発言をしました。筆者が「映画に出てくる人物と自分を重ね合わせるなんて素敵だね」と返答すると，彼は少し照れつつも笑っていました。

(3) 自分らしく将来を生きる──進路やその具体的な方向性

　A君は，進路に関する思いや悩みを打ち明けることが多くなりました。こうした事情もあり，SAプログラムにおいて，彼の進路について語り合う機会を設けました。ここでは，A君への進路に関する助言や学習方法の指導を行いました。前述（2）のワークシートを用いた活動のときに，彼は，スタッフから

第Ⅱ部　セルフアドボカシーの支援の実際　　**71**

プレゼンテーション能力の高さを評価され，その後，コラムニスト，ジャーナリストといった職業も勧められて，進路の希望の１つになりました。

　A君は，こうした将来の仕事に向けて，まずは「大学に進学したい」と思うようになって，大学受験という近い将来の進路を選択し，それに向けて勉強していきました。当初，彼は，期末試験の結果が悪いなどがあると，高校の授業へのモチベーションが低下したこともありましたが，大学受験に対しては，センター試験に挑むということで，仲の良かった保健室の先生に協力してもらいながら意欲的に学習しました。

　あるとき，センター試験の模試の結果が悪くて落ち込んだことがありました。そこで大学だけでなく専門学校等も含めて，各学校の進学したときの長所や短所について，G大学の学生（スタッフではないが，プログラムスタッフをしていた大学教員のゼミ生）に話をしてもらうことで，彼の進路の方向性が明確になりました。

　こうしたA君の努力の一方で，大学受験に際しての学校の教員への支援依頼がなかなかうまくいかず苦労を重ねました。大学受験の年度の夏に，ようやく学校の先生を納得させ，希望する大学を受けられることになりました。こうした経験から，A君は，後になって，「訴えても相手に度量がないと受け止めきれない」と支援要請における支援者の責任を話してくれました。大学受験を受ける段階にまでくると彼は，「ここ（筆者注：SAプログラム）に来たことは人生の中でも大きな意味をもつ」「こうやって先生と話すことで役に立てているのでしょうか……私も社会に対して何かしていった方がよいのでしょうか」と話し，自身の存在さえ否定していた姿から社会の中で必要な一員へと意識を変えていきました。そして彼は，大学受験に合格し，晴れて立派な大学生になりました。

(4) SAプログラム終了後のA君へのフォローアップ

　A君へのSAプログラムは，高校時代の３年間で終了しましたが，大学生になった彼へのフォローアップを行うために，筆者たちはメールで連絡を取りあったり，ときどき直接会って話をしたりしました（彼は県外の大学に進学したのでなかなか会えませんでしたが）。このフォローアップの目的は，A君の

近況を知るとともに，SA プログラムで培った自己理解，支援の提唱力が維持されているかを把握することでした。それについて，以下では彼に行ったインタビューの記録をもとに述べます。なおスタッフの大学教員は，大学入学前に，A 君に，支援を得るためにどこにいけばいいか，入学する大学の教員の名前を教えておきました。これを受けて彼自身が，教務係や教員に働きかけ，支援を求めました。また，支援が必要な学生（A 君）が入学したことや，もちろんそれ以外のタイミングもあったと思いますが，障害学生支援室が開設され支援の窓口が明確になりました。彼は支援室に，週に 1 回，45 分間程度通っており，さまざまな話を聞いてもらっていました。

　大学の授業では，内容についていけないことはありませんが，講義担当の教員の話や板書をノートに取ることが難しいことがあったそうです。そうした場合，A 君は，教員に「自分は LD でして，書字が非常に苦手で……」と言って，タブレットの持ち込みを頼むなどして自分の得意な方法で授業に臨む工夫を行ったそうです。また授業の中には学生間のグループワークもあり，A 君はそこでさまざまな困難をむかえたそうです。彼は，「自分の能力の低さから誰にも迷惑を掛けない」ために，グループではなく 1 人で調べ学習を行おうとしました（それ自体が授業で認められるかどうかは分かりませんが）。結局，後に A 君のところに，これまで授業に出席していなかった他の学生が入ることになったそうです。A 君は，決めたテーマを知らない他の学生に対して，「調べて知識をつけてきてください」と言いましたが，2 人は何もしてきませんでした。彼らの意見を聞いても，「別にいいと思う」という返事がきて，なかなかグループワークになりませんでした。A 君は，「このままではいけない」と思い，教員にグループの現状を説明し，介入してほしいと頼みましたが，実現しなかったそうです。

　講義の試験では，たとえば 1 回の試験で評価が決まったり，時間内にレポート作成が求められたりする際に，自分の考えを文章にできないことがありました。また彼は興味の差が大きく（ASD の特性も要因にあるかもしれません），レポートが書けなかった授業もあったようです。A 君は，試験の時間延長や，レポート内容を先に教えてもらうなどの支援を求めました。結局，その多くを認めてもらえましたが，パソコン持ち込みでの試験は認められず，なかには教

員に「君は出席していたから単位をあげるよ」と言われ，彼は「そんなことを求めてはいない」と困ったこともありました。

4 SA プログラムの成果と支援の考察

　SA プログラムにおいて，筆者たちが最も重要と考えたのは，A 君と徹底的に語り合うことでした。筆者は，プログラム内での彼との語り合いから，彼の思いと他者（スタッフ）の思いのズレがよくあることを知りました。そして，このようなズレが，実は学校での対人関係のトラブルにも結び付くのではないかと考えました。たとえば近況報告において，A 君は，学校でのトラブル（主に対人関係）についての話をしましたが，その原因には彼の障害特性から起因するコミュニケーション能力の偏りのみならず，他者からの無理解や偏見を受けた経験の積み重ねからくる自己理解の弱さもあると思われました。人間のもつ感情や思いは，自分の身体の状況と密接に関わるため，SA プログラムでは，A 君の近況報告の振り返り，身体に関するワークシートを用いた活動を通して，身体的・心理的の両面を見据えたトータルな自己理解を促しました。

　さらにワークシートを用いて自己を理解する学習活動が，自分のよさを見直すことや体の働きを科学的に知ることにつながったと言えます。特に A 君の有する弱さ（対人関係や学習の遅れ）が，個人の努力不足ではなく，障害特性に起因したものだと知ることは，自分の弱さを客観的に把握しつつ，自分の得意なことを明確にするうえで重要です。そして彼が周囲と信頼関係を築くことは，支援されてもよい，助けてもらってもよいのだという安心感をもつことにつながりました。ゆえに SA プログラムでは，得意なことや不得意なことも含み込んだ，自分のかけがえのなさを自身で認めつつ，それを踏まえて，他者に自分の思いや悩みを伝えられるしなやかな自己を育むことが求められると思われます。

　こうしたことは，A 君の自己理解を深めるとともに，支援を求める提唱力を育成するうえで重要です。提唱力においては，支援を求める際の具体的な方法を学ぶことと，それを実践することが必要ですが，加えて成功体験が伴うことも発達障害のある A 君にとっては必須であると思われます。彼自身も指摘し

ているように，SA は，本人に限らずそれを受け止める土壌が前提となるため，他者や社会全体が障害をしっかりと理解することが大切になります。

　また SA プログラムで獲得された（あるいは向上した）SA が，プログラム終了後でも維持あるいは活用されているか注意する必要があります。そのために，A 君へのフォローアップを行いましたが，生活や環境の変化による SA を行うことの難しさや，支援提供に係る他者や制度の不備，そして社会における発達障害のある人への理解の不十分さがある現状からすると，このフォローアップは SA プログラムにとって非常に重要であったと考えられます。

　最後に，実践に関わった筆者が考えるプログラムの課題について述べます。このプログラムでは，個別指導の形態で行われましたが，SA は，他者に対して行う行為ですので，個別指導のみでなく，子ども集団で行う必要もあります。筆者は，同世代の仲間が共に語り合うことで，友だちという関係の中で自分の思いを伝えることが必要だと考えます。そしてさまざまな思いや悩みを抱えつつも，その多様性を大切にして共に考え悩む仲間としての意識を育むことで，自分のかけがえのなさを感じてほしいのです。ですから今後，集団での取り組みに広げられるような教育プログラムの作成，ワークシートなどプログラムで用いる教材などを通した語り合いの形をさらに模索する必要があると思います。

　さらに筆者は，SA プログラムのスタッフの位置づけも問われると考えています。スタッフは，対象児・者に対して支援者であり，発達障害の知識や心理学，教育学に係る専門性を有しておく必要があります。しかし，支援者対対象者という図式のみでは SA プログラムは成立しません。なぜなら，他者にしっかりと自分の思いを伝えることは，信頼関係はもちろんですが，眼前にいるスタッフ（他者）は自分の思いをしっかりと聞いてくれる対等な存在であると意識しなければ成立しないからです。これを踏まえるとスタッフ対支援者の前提を自覚しつつも，語り合う「私」と「あなた」という固有名詞の関係に発展させることが，SA プログラムにおいては求められるでしょう。

　末筆になりましたが，SA プログラムの対象者であり，また我々のよきなかまであり，SA 教育に係る研究協力者でもある，高校生の方たちと語り合うことで，筆者は自分なりにですが「教育とは何か」，「発達障害のある人々とはど

んな存在か」について思考を深められました。彼らに御礼を述べたいと思います。

【引用・参考文献】

片岡美華（2010）セルフ・アドボカシー・スキル形成のための先進的プログラム：ランドマーク大学の取り組みから．日本LD学会第19回大会　自主シンポジウム．

Vermeulen, P. (2000). *I am Special: Introducing children and young people to their autistic spectrum disorder.* London & Philadelphia: Jessica Kingsley.

実践事例 1 の解説

片岡　美華

　セルフアドボカシーを育むためには，自己理解を促し，提唱力を身に付けることが大切です。本報告では，それをプログラム化し，明確な目的と活動をもって実践していました。近況報告，ワークシート活用，方向性を見出すための語り合いが主な活動でしたが，いずれの活動においても大切にされていたのは，対象者の思いではなかったでしょうか。その思いには，過去の苦い経験や，できないことへのいら立ちなども含まれます。特に障害という自分の苦手さと向き合わなければならない場面においては，安心できる場所，すなわち信頼関係が欠かせません。本事例の対象者は，プログラム開始当初，他者への不信感を抱いており，また自己肯定感の低さがあったようです。そこでスタッフは，単に話を聞くにとどまらず，「語り合い」と呼ばれる手法を用い，相手の考えを責めたり否定したりせずに受け止めることから始め，意見交流を通して，違いを認めつつも相手の考えを知ることを大切にしていました。スタッフは，対象者への敬意とともに，なぜそのように考え，そのことばを用いて表現をしたのか質問を通して確認し，対象者の真意を知り理解を深めています。こうしたやりとりがあったからこそ，対象者が自己を振り返り，行為に対しての捉え直しができているのでしょう（たとえばケンカのエピソード）。

　発達障害がある場合，難しいことばを使っていても，文脈における意味合いを考えることや，相手がどのように受け取るかを想像することに弱さがあり，コミュニケーション上の困難さをもっていることがあります。この困難さは，セルフアドボカシーにおいて，提唱していく場面での失敗につながりかねません。本報告では，ワークシートやホワイトボードを用いることで，発したことばを視覚的に確認できるようにし，またそこからスタッフが，対象者の思いを反映させた形で考えをまとめたり，伝え方を知らせたりすることで，その場面に適した表現へとつなげています。語り合いの中に書きことばを交えることで，客観性を生み出し，冷静にことば（その背景に行為がある）を受け止め，

第Ⅱ部　セルフアドボカシーの支援の実際　**77**

今後の行動につながる正のイメージを広げています。「こうしないといけない」,「こう言うものだ」と押しつけとも捉えかねない「教示」ではなく,自ら納得する形で行為をも含めた修正を可能にし,提唱力の獲得につなげていると言えるでしょう。

　ことばでの振り返りは,自己理解にもつながりますが,本報告では「科学的根拠」に基づく理解にも言及しています。具体的には,ワークシートを用いて自己の外面(ボディイメージなど)や内面(性格など),さらには障害について語る場を設けています。エピソードにもあるように,自分の良さを他者から認められてうれしかった経験が支えとなり,やがて,障害のある自分に向き合っていきます。すなわち,障害の科学的根拠が下支えとなり,自分を全否定するのではなく,自分にもいいところがあると客観的に捉えられるようになり,このことが,長所を用いて課題を乗り越えようとする大学でのセルフアドボカシーの行使の姿へとつながっていくのでしょう。また,プログラムは,近況報告としての現在から,進路を含めた未来のことを語る活動により構成されています。自己理解がキャリア教育に含まれることからも,見通しをもって自己を作り上げていけるよう取り組んでいることが指摘できます。

　本報告は,個別指導の事例でした。本文でも言及されているように,自己理解や提唱力の視点から考えても「なかま」の存在が必要となります。本報告では,大学生という少し年上のおとながその役割を果たしていたと思います。対象者が他者への不信感が強かったり,自尊感情が低かったり,同世代の友だちとの接し方が分からなかったりする場合,まず,知識や専門性を携えたスタッフとつながることで,それらの回復を行う必要が出てくる場合もあります。しかし,同じ高校生(年代)間で経験や考え方が異なることを知ることができれば,より刺激的な機会となり新たな発見につながるでしょう。このことからも,同年代のなかまと共に学べることがよいのだろうと思います。むろん,この場合でも信頼関係が必要となりますので,学級やグループ活動などで行うには,集団活動が安心してできるような土壌づくりが教員には求められます。

　最後に,A君のことばにもあったように,セルフアドボカシーは,受け止める側の理解も必要です。今後,合理的配慮を念頭に,求められた支援に対して,何をどこまで行えるか提供側も検討し,双方が合意できるようにしていく

必要があります。そしてこのことは，セルフアドボカシーを行使した際の，相手の対応とそれに対しての次なる提唱（交渉）をどうしていくか，その力の維持と向上にも関わるものだと思います。今後の事例の蓄積に期待します。

実践事例 2

自分の思いに気付くための支援

──活動の切り替えに時間がかかる B 君の事例を通して──

北岡　大輔

1 はじめに

　子どもたちは児童期から青年期へと成長を遂げるにつれ、少しずつ生活の主体が自分にあるということを実感できるようになってきます。しかし、知的障害や自閉スペクトラム症（以下、ASD）のある子どもたちは、自分の心の状態を客観的に捉えることが苦手である場合がよく見られます。そのため、心の中には確かに葛藤がありながら、自分の心の状態をうまくつかめず、ことばとして他者に伝えることができないままになってしまうことがあります。このような状態が積もり続けていくと、場合によっては、いわゆる問題行動として表面化してしまうこともあります。

　知的障害や ASD のある子どもたちが、自らの意思を他者へと伝えるセルフアドボカシースキルを身に付けていくためには、初めの段階として、自分の心の状態に目を向け、整理していく過程が重要になります。そのために、私たちができる具体的な支援について、特別支援学校の高等部 1 年生の B 君の事例を通して考えてみたいと思います。なお、ここで取り上げる事例は架空のものであり、いくつかの代表的な事例を組み合わせたものとなっています。

2 事例の概要

　B 君は高等部 1 年生の男子生徒です。中等度の知的障害があり、ASD の診断も受けています。周囲からのことばがけは、短く簡潔なものであれば理解す

ることができ，簡単な文章であれば内容を読み取ることもできます。何事に対しても素直で，先生から指示されたことなどは最後まできちんと取り組むことができる生徒でした。一方で，ことばについてはテレビコマーシャルの台詞などをそのまま口にすることが多く，先生や友だちに対して自分の要求を伝えたりするためにことばを使うことはほとんどありませんでした。

しかし，ちょうど高等部へ進学する前後あたりから，B君の様子に変化が見られるようになってきました。登校時には玄関で繰り返し靴を履き直したり，教室へ向かうときには廊下を何度も行ったり来たりするなど，やり直し行動が頻繁に見られるようになってきたのです。長いときには自分の教室にたどり着くまでに2時間ほどかかってしまうこともありました。

しばらくすると，それらの様子はより顕著になり，あらゆる場面にわたって時間がかかってしまい，本人にとって全く生活にゆとりがなくなってしまいました。教室までの移動に時間がかかるため，1時間目の授業にはほとんど出ることができず，トイレでさえも自分のタイミングで行くことが難しくなってしまいました。また，周囲から急かされたりするとパニックを引き起こしてしまう様子も見られるようになってきました。

3 支援のねらい

さて，B君のこのような状況に直面したとき，みなさんであればどのような支援を考えるでしょうか。B君はおそらく何かに困っているものの，自分でそのことを訴える術はもっていなさそうです。B君の担任は当初，B君がASDであるということもあり，やり直し行動が増えてきたのは，中学部から高等部へと進学し，毎日の流れが大きく変化した中で，新しい生活に見通しがもてず不安を抱えているからではないかと考えました。そこで，B君の個別のスケジュール表を作って1日の流れを確認できるようにしたり，活動時間を視覚的に捉えることができるようにタイマーなどを用いて提示したりすることにしました。

取り組みを始めると，B君は自分のスケジュールやタイマーを意識してよく見ようとする様子が見られるようになってきました。しかし，しばらく経って

第Ⅱ部　セルフアドボカシーの支援の実際　　**81**

もやり直し行動そのものは収まる様子がなく，次の活動へと移るためにかかる時間も一向に短くはなりませんでした。継続的にこれらの支援を続けてみたものの改善は見られず，なかなかその他の有効な手立てを見出すことができませんでした。

その後もB君のやり直し行動の原因はなかなかはっきりとはしませんでした。しかし，B君の日頃の様子をよく見てみると，次の授業の教室や事前の準備は，時間がかかるものの自分から取り組めていることが分かってきました。このことから，見通しのもてなさがやり直し行動の直接的な原因ではなさそうだということが少しずつはっきりしてきました。また，やり直しを繰り返しているときのB君は，困っているような，少しこわばった顔でいることがよくありました。一方で，工作や保健体育のサッカーなどに取り組むときには比較的スムーズで，笑顔が多く，表情よく過ごしている様子がよく見られました。

そのような中，校外学習に出かけたある日のことです。学習の締めくくりにそれぞれの生徒が自分で自動販売機のジュースを買う場面がありました。このときにもB君は，硬貨を入れては釣銭レバーを回すといったやり直しを繰り返しながら，30分ほどかけて，やっとのことでジュースを買うことができました。しかし，B君は，その後も一向に自動販売機の前から動こうとはしません。そのうえ，もう一度お金を入れてはやり直しを繰り返しています。

これまで，ジュースを買うといった自分の目的を果たしたにもかかわらず，その行動をさらにやり直すといったようなことは一度も見られませんでした。そのため，B君の担任は，この様子を見たときにはB君のやり直し行動がよりひどくなってしまったのではないかと心配になりました。しかし，しばらくするとB君は初めに買ったものとは異なるボタンを押して，もう1本，別のジュースを買うではありませんか。B君は取り出した2本のジュースを両手に抱えてにこにことしています。そのとき，B君の担任はハッとしました。B君が1本目のジュースを買った後に自動販売機の前から離れようとしなかったのは，やり直し行動ではなく，もう1本ジュースを買いたかったからだということに気付かされたのです。

このジュースの一件があったことで，B君のやり直し行動の裏側には彼なりの考えや要求があるものの自分でもうまく表現できない戸惑いがあったのでは

ないかと思い当たりました。改めて日頃のB君の様子を観察してみると、B君の好きな工作やサッカーなどを楽しめた日にはその後の行動が比較的スムーズになることがよく見られました。

高等部に進学するまでは、周りから指示を受けたことは確実に取り組むことができていた素直なB君。

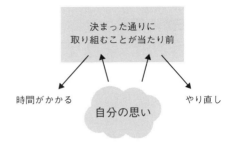

図Ⅱ-2-1　B君の思い

しかし、児童期から青年期へと成長を遂げてきたB君の中では、周りから求められていることとは一致しない自分の思いも、無意識のうちに少しずつ膨らんできていたのではないでしょうか。ASDであるB君にとっては「決まった通りに取り組むことが当たり前」であるにもかかわらず、同時に「その通りにしていては叶えることができない自分の要求」が次々と生まれ、その葛藤をうまく意識化できないことがやり直し行動につながっていたのだと考えられます（図Ⅱ-2-1）。

そこで、B君の担任はB君への対応を改めて教師間で話し合い、考え直してみることにしました。B君が「自分の好きな活動に取り組むことができる時間を確保し、自分の思いを実現する経験を積み重ねていけるようにしていくこと」「自分の思いをことばにして相手に伝えることができるようにしていくこと」とし、これらに重点を置いて取り組んでいくということを教師間で確認し合いました。

しかし、現実的にはトイレや給食、教室間の移動などに非常に時間がかかってしまうため、休憩時間も余裕がなく、好きなことに取り組む時間をB君が自分で確保していけるようにすることは容易ではありません。そこで、移動に時間がかかり、なかなか授業に参加できていなかった1時間目の時間帯をうまく使うことはできないかどうかを検討しました。そして、B君の好きな工作、サッカー、トランポリンの3つの中から自分で好きな活動を選んで取り組める時間として、この1時間目の時間帯を「B君タイム」として設定することにしました。

第Ⅱ部　セルフアドボカシーの支援の実際

4 支援の経過

「B君タイム」の取り組みを始めてはみたものの，初めのうちは，B君は自分が取り組みたい活動を全く選ぶことができませんでした。おそらく，B君の中には，「1時間目の授業に出ることが当たり前だ」という捉え方があり，その流れを変更することに対する抵抗感も強くあったのだと思います。

そこで，まずはB君自身が活動を選ぶのではなく，月曜日は工作，火曜日はサッカー……といったようにあらかじめ1週間のスケジュールを決めて提示するようにしました。そのうえで，「『B君タイム』は先生と一緒に大切な学習をする時間です」と，目的を本人とも確認をするようにしました。

これらのことを通して少しずつではあるものの，B君は「B君タイム」に工作やサッカーなどを楽しむことができるようになってきました。また，このことを繰り返しているうちに，自分で活動を選択して取り組めるようにもなってきました。慣れてきた頃には「B君タイム」と1時間目の授業のどちらに取り組むかを自分で選ぶことができるようにもなり，選択肢があれば主体的に選び自分の意思を伝えることができるようになってきました。

このような取り組みを続けて1年後には，「B君タイム」だけではなく，その他の場面でも自分の要求を伝えようとすることが増えてきました。ことばで伝えることは難しい場面も多くありますが，色画用紙を持って職員室の近くを行ったり来たりするなど，彼なりに自分の要求を教師に伝えようとしている様子がよく見られます。次の活動への切り替えには，今でも少し時間がかかるものの，やり直し行動はほとんど見られなくなりました。

5 支援に対する考察

(1) いわゆる「問題行動」の裏側に

知的障害やASDのある子どもたちにとって，自分が考えていることや願っていることを明確なことばで他者に伝えることは簡単ではありません。一見すると問題行動と捉えられてしまうような行動であっても，その裏側には必ず，

彼／彼女らが何とか意思表示をしようとした思いが隠れています。

　子どもに何らか問題となる行動が見られると，私たちはつい，その子どもが抱える障害名だけにフォーカスを当ててしまいがちになります。B君の事例においても，筆者は「ASDだから，本人が環境の変化をうまくつかむことができなくて，見通しをもてていないことが原因ではないか」と一面的な捉え方をしてしまったために，本人が内面に抱えている困惑にまではなかなか気付くことができませんでした。

　セルフアドボカシーを支援するに当たっては，問題となる行動や障害名といった表面的な問題のみにとらわれるのではなく，その裏側にある本人のニーズに目を向けていく必要があります。B君の場合であっても，どのような場面で行動が滞るのか，それは誰といるときに起こるのか，本人の好きなことや嫌いなことは何なのかなど，行動を観察するときには視野を広くもつ必要がありました。しかも，1日，2日の短期間ではっきりと捉えられるものではなく，一定期間にわたって関わりを続けていきながら，初めて気付かされることがたくさんありました。広く，長く，しかし注意深く，その子どもを取り巻く状況を観察し，関わり，ニーズを探ることを忘れないようにしなければなりません。

(2) 心は豊かであるということ

　個人差はあるにしても，知的障害やASDのある子どもたちは定型発達の子どもたちと同様に思春期を迎え，青年期へと成長を遂げます。その過程で子どもたちは，これまで経験してきたことがないような新しい物事に出会ったり，自分の思いだけでは解決できないような問題に直面したりして，悩み，考えながら自分づくりを進めていくことになります。しかし，知的障害やASDのある子どもたちにとっては，そのように複雑化してきている自分の内面を客観的に捉えることがより困難となります。そのため，思春期，青年期にある子どもたちがセルフアドボカシースキルを獲得していくための支援を考える場合には，彼／彼女らがうまくことばで伝えることができなくても，子どもたちの内面は非常に豊かで，同時に複雑であるということを意識しておくことが欠かせません。

B君の場合は，本人の意識下に「決まった通りにしていては叶えることができない自分の要求」が存在したため，彼のやり直し行動へとつながっていました。しかし，このときには「自分の好きなことに取り組めばいいよ」とだけ伝えても「決まった通りに取り組むのが当たり前」という彼にとってのスタンダードがあるために，自分の好きなことにすぐに取り組むことはできませんでした。そのため，「B君タイム」は毎日の決まった流れの中で行う授業であること，B君にとって大切な学習の時間であることなどを本人に伝え，彼のスタンダードの範囲内で取り組めることかどうかを交渉しながら進める必要がありました。しかも，一度支援方法を決めてしまえばそれでよいというわけではありません。本人が自分の要求を意識化できるようになってきたタイミングで，少しずつ選択肢を広げていくなど，本人とのやりとりをしながら進める過程も重要であったように思います。

　自らの意思を表明すると一言で言っても，必ずしもその意思は単一のものであるとは限りません。自分が悩んでいること，葛藤していることなどを解きほぐしながら，伝えたい事柄へと収束化させていく過程があるということを，支援をする側は理解しておく必要があるように思います。

(3) 安心感を土台に

　B君にとって自分の中に生まれてきたさまざまな思いは，実現したいことであるのと同時に，自分のスタンダードの中では認めがたいことでもありました。そのため，B君が何とか自分の思いから意思表示をしたとしても，周囲がそのことに無関心であったり，タイミングよく評価することができなかったりすると，B君にとってはそのことが果たしてよかったのかどうか判断がつかず，次も伝えてみよう，行動してみようとする本人の自信にはつながりにくくなってしまいます。特に支援者間でB君の行動に対する評価が分かれてしまっては，より混乱を招いてしまうことになりかねません。

　今回の事例では幸いにもB君のやり直し行動を引き起こしている原因について教師間で共通確認し，全員で同じ方向性をもって支援に当たることができました。自分で考え，行動したことを認められてきた経験の積み重ねが，今のB君が自らの要求を伝えてみようとする自信に大きく影響しているように思

います。

6 おわりに

　障害の有無にかかわらず，子どもたちはみんな豊かな内面をもっています。しかし，B君もそうであったように，障害があることによってそのことが本人にとっても周囲にとっても見えにくくなってしまっていることが多いように思います。

　知的障害やASDのある子どもたちがセルフアドボカシースキルを獲得していくためには，本人が自分の内面の様相に気付き，自身にとって可能な方法で外に向けて発信するための術を身に付けていく必要があります。支援を考えるに当たっては，彼／彼女らが自分でもうまく捉えることができていない内なるニーズに目を向け，その仲立ちをしていくことを心がけていきたいものです。

実践事例 2 の解説

小島　道生

　本事例は，自分の思いを表現することの難しさのある ASD 児に対する意思表示を支える支援の実践と言えます。支援の大きなポイントは，行動上の問題に対して，本人の内面世界をしっかりと見つめ，本人も気付いていない可能性のあった願いを把握し心理的安定を優先しながら，セルフアドボカシーへとつなげていった点が挙げられます。なかでも，本人が内面に抱えている困惑に気付いた点は，教師の鋭い観察力と洞察力の賜物と言えます。本人の特性を踏まえつつ，心の状態を視野に入れた丁寧な実践であり，行動の背景にある本人の願いを支えた取り組みと言えます。

　青年期を迎えた ASD 児の中には，それまで比較的周りの意見などに素直に従ってきたものの，急に反発したり，行動上の問題が生じたりすることがあります。周りの大人たちは，困惑し，対応に苦慮しがちです。ただ，当事者にとっても，自分自身の思いをうまく表現できず，混乱を招いていることがあるかもしれません。それだけに，表面的な対応に追われるのではなく，当事者の内面世界に目を向けながら，支援の在り方を見つめ直し，行動をしっかり観察し，その意味について考えていくことが求められます。

　発達障害やつまずきのある子どもでは，自分自身がいったい何に困っているのかが，自分でも的確に理解できていない場合があります。本事例では，教師が本人と交渉をしながら，自分の要求を意識化できるようになったタイミングに合わせて，少しずつ選択肢を広げていく工夫を行ったことが，効果的であったと考察されています。生徒に対する鋭い観察力に加えて，生徒と対話をしながら支援の在り方を変容していくことが求められます。ここでの対話というのは，ことばだけでなく，むしろ生徒が心地よさを感じるような心理的安定をはかるための適切な関わり方を目指していくはたらきかけと言えます。したがって，ことばで十分に表現できない子どもについては，行動の変化などから支援者が読み取らなければならないと言えます。

また，発達障害のある子どもにとって，そもそもことばで自分の困っている状況を適切に表現でき，助けを求めることは難しいものです。相談を求めるには自己理解，言語・コミュニケーション力，相談に対する意欲，さらには相談相手が身近にいることなどが，相談を実現していくためには大切になります。B君の場合は，なにより指導力の優れた教師が身近にいたことが，大きかったのでしょう。本人の相談を感知できる教師の観察力と子どもとの関係づくりが欠かせないと言えます。

　さらに，本実践での大切なポイントとしては，「B君のやり直し行動を引き起こしている原因について教師間で共通確認し，全員で同じ方向性をもって支援」したことが挙げられます。生徒の行動に対する支援を共通認識して進めることは，支援の基本と言えます。周囲の人にとって理解が難しい行動がみられたときには，関係する教員において協議を行いながら，支援の方向性に一貫性をもたせたいものです。

　対人関係に課題があるASD児においては，セルフアドボカシーを発揮するためにも，まずは安心できる他者の存在を確保することが求められます。本事例では，教師がこうした安心感を基盤として展開したことも，意思表示へとつながったと推察されます。

　このように，本人の内面世界を支えて，安心できる環境づくりを行っていくことが，セルフアドボカシーを発揮するための基盤づくりにつながると言えます。同時に，適切な方法によって，自らの意思表示を行っていく支援が欠かせません。高等部の教育現場では，自立に向けて，地域社会の中でもつながりを視野に入れながら，相談できる力を育てていきましょう。そのためにも，実際に地域の関係機関などで，相談する体験を行わせておきたいものです。

第Ⅱ部　セルフアドボカシーの支援の実際　　**89**

実践事例 3

肯定的な自己理解と
主体的な進路選択のための支援
──セルフアドボカシースキル学習の実践を通して──

川尻　友美

1 はじめに

　思春期にあたる中学生は，自分探しを始め揺れ動く時期です。発達障害のある中学生も不安定な時期を迎えて，周りと比べ，「できない自分」に気付きます。そこで，自信を失い，自己肯定感の低いままに学校生活を送ることがあります。

　「ありのままの自分」を受け入れ，「自分らしく」生活することができたら，自分の進路についても肯定的に考え，選択していくことができるのではないかと思い，セルフアドボカシースキル学習（以下，SAS 学習）に取り組みました。

　この事例は，継続的に SAS 学習に取り組みながら，少しずつ自己理解が深まり，自分を受け入れようとしている生徒のものです。

2 事例の概要

　自閉スペクトラム症（ASD）と診断を受けた C 君。中学校の特別支援学級に在籍する男子生徒です。反抗期に入ったこともあり，なかなか落ち着かない様子で，周りの生徒が反抗するのを見て，先生に反抗することが格好いいと思っているところがあります。また，自分自身に自信がもてずに「自分はクズだ！」と言い，卒業後の進路についても考えようとしませんでした。自己肯定感を高めるためにも，肯定的な自己理解が必要ではないかと考えて，自立活動

の時間に「自己理解」を目的に SAS 学習に取り組みました。

　なお，記載にあたっては，いくつかの事例をもとに架空の人物を設定し，エピソードを作成しています。

3 支援のねらい

　C 君の「反抗」が，環境によるものなのか，思春期によるものなのか，なかなか見分けることが難しいのですが，担任としては，彼の必要以上の「反抗」が格好いいものではなく，格好悪いものであると気付かせること，そして，「自己理解」を進めることで，自己肯定感を高め，主体的な進路選択に結びつけていくことをねらいとしました。

4 支援の経過

(1) 素直になれない C 君

　C 君は，同じ趣味の話題を通して友だちがおり，日頃から友だちとはよくしゃべっています。ときには，そのおしゃべりが止まらないこともありました。しかし，教員をはじめ大人を前にすると，そのことば掛けを無視したり，返事をしても「～をすればいいんでしょ」とぶっきらぼうな受け答えをしたり，「また，怒られる！」とこちらが話す前から注意を受けると思い込んだりと，反抗しているとしかとれないような態度がみられました。

　年度末に，C 君が反抗的な態度で学校生活を送っていることを母親に伝えて，時間を掛けて自己肯定感を高めていくこと，そのためには自己理解が必要なこと，そして，今後必要になってくるであろう支援要請の力を付けていきたいことを確認して，SAS 学習に取り組み始めました（表Ⅱ-3-1）。

　後に母親が C 君本人に話をし，C 君が取っている態度が格好いいものではなく「反抗」といわれるものであることを説明しました。本人は「反抗」の意味がなかなか分からなかったようですが，母親と話をすることで，自分の取っている態度が「反抗」であることを理解しました。

第Ⅱ部　セルフアドボカシーの支援の実際　**91**

表Ⅱ-3-1　SAS 学習内容

回	タイトル	目的	内容	方法	留意点
1・2	マインドマップ（好きなもの・自分について）[A]	自分自身のことをどれくらい理解しているかを知る。	私の好きなものや自分について，マインドマップを作成する。	テーマ（好きなもの・自分）を中心に書き，ブランチ（枝）に考えやアイディアを書き込む。	できるだけ指示せず，自由に書かせる。書字が苦手であれば口頭や絵でもよい。
3	私の外見（特徴）[B]	自分自身を多面的に見る。	肉体的な特徴を捉える。	「他の人と違うところ」を書き出す。	グループ活動にできると効果的であるが，個別学習の場合は教師も一緒に行う。
4	私の内面[B]	外から見えない自分の姿と向き合い，相手に伝える。	私の興味と好みを知る。	テレビ番組や食べ物，スポーツなど自由に記述する。	項目を挙げるだけでなく，そこから会話を広げ表現力をつけるよう支援する。
5	私だけのLEAF を作ろう[C]	自己を幅広い視点から捉える力を育てる。	現在の自分の様々な面や過去の出来事，将来の夢などについて考える。	「好きなこと」「過去の自分」「支え」「未来」の4つの観点から自分自身について記入する。	グループ活動が望ましい。
6・7	私の性格[B]	自分の性格をどのように捉えているか知り，言葉と照合させる。また自己の良い面と否定的な面に向き合う力を育てる。	私の性格について考える。	30のキーワードを準備し，当てはまるものを選択させる。	否定的な面ばかりにならないようにことば掛けをし，良い面にも気付かせる。
8	私の才能[B]	自己の良い面を知り自尊感情を高める。	得意なことについて考える。	才能を何か得意なことと捉えて記述する。	できる部分をしっかりとほめる。見付けられなければ，具体的な事例など積極的に教師や友達が伝えるようにする。
9	スペシャルなところ[B]	自分は唯一の存在であることを知り，自分を大切に思う心を育てる。	これまでの学習を踏まえて，スペシャルなところを表現する。	文字だけでなく，絵でも表現する。	誰もがスペシャルであることが実感できるようにする。
10	得意ではないところ[B]	自分のマイナス面と向き合う力を育てる。	普段の生活の中で，うまくいかないと感じていることや，嫌だと感じていることなどを思い出す。	私のそんなに得意でないこと，私にとって難しいことを記述する。	誰しもが得意ではない面があることを伝える。そのために教師自身の得意でない面を伝えして言いやすい雰囲気をつくる。
11	他人から見た得意ではないところ[B]	自分が苦手だと思っているところが，客観的には異なっているなど，自己の捉えと他者の捉えの異なりを知る。	人には，才能とともにそれほど得意でない面もあることに気付く。しかしそれは，他者から見ると必ずしもその通りでなかったりすることも知る。	絵や文字で表現する。	信頼関係を築いたうえで，ポジティブな面をしっかり伝えた後に行う。

12	内面はユニーク[B]	人それぞれが違うことで，お互いを知ろうとしたり，お互いの存在が頼もしいものであることを知ったりして，自分自身を見つめる。	内面が，その人の興味や性質，能力でつくられており，これらの内面の特徴が「性格」をつくっていることを理解する。また，全ての人が内面も外見もユニークであることを理解する。	「もし，すべての人が同じ性格だったら？」，「もし，すべての人が同じことをしていたら？」などの質問に自分の考えを言いながら，人と違うことの大切さに気付かせる。	ポジティブな面もネガティブな面も含めて，自分であることを伝え，その存在の大切さを知ることができるようにする。
13	私のからだ[B]	障害の科学的理解のため，生物学的な身体の仕組みを知る。	からだの外側と内側があることを知り，内側にはとても重要な脳があることを学ぶ。	からだの名称やそれぞれの機能や役割を記述する。	意外に分かっていないこともあるので，丁寧に伝える。
14	私の脳[B]	障害の科学的理解のため，脳について知る。	脳がどのように働いているのかを理解する。	脳についての質問に答えながら，脳の働きを知る。	興味をもてるように図鑑など適宜用いて伝える。
15・16	受容・処理・伝達[B]	障害の科学的理解のため，脳の働きについて知る。	脳が情報を受容し，処理して伝達することを知る。	具体的な例を見ながら働きを知り，情報の例を見ながら，どの働きかを判断していく。	難しいことばが出てくるので，必要に応じて辞書などを使う。
17	知能[B]	障害の科学的理解のため，知能について知る。	知能は重要だけれども，もっとも重要なことではないことを知る。	いろいろな知能について具体例を見ながら学習し，強い知能と強くない知能に位置付けていく。	好き嫌いが分かれる内容だが，教科学習とは異なるので楽しく学べるようにする。
18	私たちには身体が必要[B]	身体の働きの学習を通じて自分理解につなげる。	毎日の行動を成功させるためには，身体がうまく働くことが大切なことを知る。	具体例を見ながら，身体の部位が適切に機能しなければならないことを知る。	自分の身体を愛おしく思え，再発見につながるとよい。
19	マインドマップ（自分について）[A]	学習のまとめとして自己理解の成果を確認する。	自分についてマインドマップを作成する。	今までの学習からより多面的に自己を捉えられるようにする。	当初のワークシートと比べ，変化を客観的に分析する。自己分析を行ってもよい。

【参考文献】

A：トニー・ブザン著，神田昌典訳（2006）マインドマップ FOR KIDS　勉強が楽しくなるノート術，ダイヤモンド社.

B：Vermeulen, P.（2000）*I am Special: Introducing children and young people to their autistic spectrum disorder*, London & Philadelphia: Jessica Kingsley.

C：別府哲監修，小島道生・片岡美華編著（2014）発達障害・知的障害のある児童生徒の豊かな自己理解を育むキャリア教育：内面世界を大切にした授業プログラム 45，ジアース教育新社.

注：本学習は，生徒Bに応じて上述の文献A・B・Cから抜粋して行ったものである。生徒の年齢や状態に応じて，抜粋箇所や指導計画をアレンジするとよい。ただし，Bの文献については，あまり大きく順番を変えないほうがよい。

SAS学習を始めた当初，C君は，気分が乗らない様子で返事もしません。

　1回目はマインドマップ（好きなもの・自分について）を作成しましたが，この時間の途中からおしゃべり好きを発揮し，おしゃべりが止まりません。さらに文字で表すのが難しかったので，絵で描くことを提案すると，自分について描くよりも好きなキャラクターを描くことに夢中になり，自己理解を促すにはほど遠い状態でした。

　2回目もマインドマップの続きをしましたが，今度は，机に伏せることが多く，気分が乗らない様子でした。問いかけに対してもうなずくだけのことが多い状態でした。C君の好きなものについて作成したマインドマップも，ブランチ（枝）はキャラクターや好きなアニメ，ゲームとかなり偏ったものとなりました。客観的に自分自身を捉えるどころか，なかなか自分自身と向き合うことをしないC君。マインドマップを完成させることにはこだわらず，次の内容に進むことにしました。

　3回目の実施前，他の授業中に投げやりな態度だったので，給食を2人で取りながら話をしました。するとC君は，「どうせばかだし，療育センターに行くような人はクズだ」と言いました。自分のことを知的障害者だと思い，他の障害者に対しての偏見もあるように感じました。卒業後の話をしても，他人事でほとんど考えていないようです。さらにC君は，「僕は生きている価値はないから，30歳には自殺する。今，死に方をネットで調べているから……」と言います。私は，C君が自分自身への自信のなさを感じているため，成功体験を積み重ねることや自分自身を肯定的に捉えることが必要だと強く感じました。この時間は「私の外見」についての学習をしました。たくさん話したことで，少し落ち着いたのか前回よりは真面目に取り組みました。その日の記録には，小さな字で「書いてみて意外に難しかった。」と書かれていました。少しずつ学習に取り組む準備が整い始めているように思いました。

　4回目，「私の内面」についての学習です。学習には興味がないような素振りで，こちらの質問にただ首を振って返事をするだけです。ただ記録には，「やってみて，意外にすごかった。」と書かれています。ワークシートに記入できたことがうれしかったようでした。この頃からの記録には，学習した内容だけでなく，この時間で感じたこと，自分の気持ちを書くようになっていきまし

た。

5回目「私だけの LEAF を作ろう」は時間割の都合で，同学年の男子2人が参加しての授業となりました。2人がいたのでとてもよくしゃべり，ワークシートへの記入がC君1人遅くなり，C君も周りの早さに驚いていました。C君にとって2人の参加は刺激になった様子です。これは，現在の自分のさまざまな面や過去の出来事，将来の夢などについて，「LOVE（好きなこと）」「Experience（過去の自分）」「Assist（支え）」「Future（未来の自分）」の観点（各観点の頭文字をとって LEAF）から自分自身を見つめ直す学習です。どんなことについて書き込めばよいかのヒントを与えながら，具体的に書いていきました。以前であれば，4観点すべてを答えることは難しかったと思われますが，4観点すべてに同じように答えることができました。また，4つの観点について，友だちの発表を聞くことで，自分自身を振り返ることができたようでした。授業への取り組み方も他の2人の真面目な授業態度から感じることがあった様子でした。

6回目と7回目では「私の性格」について学習しました。答えはすべて否定的なうえ，なかなかことばを思いつかないので選択肢を与えると，そのことばすべてに「～じゃない」と付けて記入します（例：正直じゃない）。そこで「何か良いところは思いつかない？」と問いかけたところ，1つだけ良いところとして「絵を描くこと」と答えました。また，この学習をしながら両親への思いをぼそぼそと話しました。しかし，その話は両親がC君を否定的に捉えていると思い込んでいるものでした。両親はC君のことを考えているのに，その思いを素直に受け入れられていないように感じました。私は，「素直さはあるのに，それを表現できないのはやはり自己理解が進んでいないから？」と思いながら，学習を進めました。

8回目は，「私の才能」の学習をしましたがすべてにおいて「分かりません」「さぁ～」と答えていました。しかしこの回は，話をしていく中で，父親に対しての思いを話し出しました。父親との関係がうまくいかず，自分はダメな人間だと思われていると話していました。私はことばとは裏腹に，本当は父親ともたくさん関わりたいのではないかと思いました。C君は，話をして安心したのか，学習の後半，表情が良くなっていました。この回で1学期の自立活動

第Ⅱ部　セルフアドボカシーの支援の実際　　**95**

は終了しました。自己理解への第一歩である自分の思いを語ることができるようになりつつあると感じながら，長い夏休みに入りました。

(2) ありのままで

夏休み後半，宿題が終わらず，「どうしましょう」と母親から連絡がありました。C君と電話を替わりどうしたいのかを聞くと，みんなと同じように頑張ると言うので，できるところまでやって，できないところがあれば，それぞれの教科担任にC君自身で報告することを約束し，様子を見ることになりました。そのような状況で夏休み中には，何度か母親から電話連絡がありました。学校に出てきて宿題を一緒にやることも提案しましたが，本人は自分1人で頑張りたいと言います。夏休みも終わり，2学期のスタートを迎えました。夏休みの宿題はやはり終わっていませんでしたが，1つの教科だけ終わらせることができ，しかも提出期限を守ることができました。この出来事が自信となったようで，2学期からの様子が一変しました。この変化は，1学期に自分の思いを語り，それを否定されることなく受け入れてもらった経験をしたことが大きかったように思います。そこで，自分のことを少し前向きに考えられるようになったことから，夏休みの宿題を期限内に提出するよう努力し，そのことを教科担任から褒められたことが自信につながったようです。また，1学期の自立活動の学習を通して，自分自身を見つめることで「このままの自分でもいいのかもしれない」と思い始めたようでした。2学期からの自立活動への取り組みは，1学期には考えられないほど素直で真剣になりました。

9回目は「スペシャルなところ」について学習しました。今までの学習を振り返りながら，自分自身について考え，絵で表現しました。「まとめられてよかった」と絵で描いた内容に満足した様子でした。

11回目の「他人から見た得意ではないところ」は調子よく取り組みました。C君は，「自分の不得意なことが分かった」「他の人から見た自分のことが分かった」と学習に対する素直な感想を書くようになってきていました。

ところでこの時期は，学習発表会の練習を昼休みにしていました。有志を募集し，特別支援学級の生徒が先生役となり，通常学級の生徒に手話を教えます。C君はこれにほぼ出席していましたが，たまにサボります。練習を休んだ

日の12回目は，本人なりに気にしているのかおとなしくしていました。この回は，「内面はユニーク」について学習しました。私の「このままの自分でいいかって思える？」の質問に対して「うん」と返事をしました。自分の得意なこと・不得意なことも受け入れられそうにみえました。

しかし13・14回目は何かあったのか最初からだるそうな感じでなかなか素直になれません。以前の反抗していた頃に戻ったような印象を受けました。ただ，学習内容の「私のからだ」「私の脳」については理解できた様子でした。

15・16回目は「受容・処理・伝達」について学習をしました。脳はすべてをつかさどっていること，脳の大きさや重さ，脳をコンピューターにたとえて，情報を処理（考えること）したり，受け取ったりすること，それらは，信号として神経を通って，筋肉に伝えられたり，脳に送られたりすることを学習し，その後脳についての質問に答えます。しかし，質問になかなか答えることができず，「パソコンで調べてみる？」と聞くと，すぐに「そうする」と返事をしました。パソコンは好きなので生き生きと活動しました。いつもよりよくしゃべりながら，活動しました。また，「脳の情報処理」についても学びました。脳が情報を受容し，処理して伝達する流れを確認し，具体的な例（たとえば「ドアを見る→入りたいなぁ→ドアを開ける」）を見ながら受容・処理・伝達の働きを知り，他の例は何の働きか判断します。分からないことばがあると，「辞書を使ってもいいですか？」と自分から調べました。学習に対して意欲的になってきているように感じました。

3学期に入り，進路を気にし始めました。17回目では「知能」についてその種類について学び，自分自身の知能について強い知能と強くない知能を並べていきます。数字に関する知能を強くない知能に位置付けたとき，筆者は学習や進路に関して話し出しました。具体的には，普通高校に進学するか，特別支援学校高等部に進学するか，それによって卒業後の進路が違ってくることを話したのですが，それに対してC君は，高校卒業後は働きたいと言います。また将来は，パソコンを使った仕事に就きたいと言いました。

18回目は「私たちには身体が必要」について学習しました。毎日の行動を成功させるには，身体がうまく働くことが大切であることを知り，自分自身の身体の動きについて具体的に考えました。学習をしながら，話題は進路のこと

第Ⅱ部　セルフアドボカシーの支援の実際　**97**

になりました。C君は，友だちとも進路について話していて，その友だちは通信制の学校に進学するらしいということで，通信制の学校についても知りたい様子でした。そこでC君と一緒に通信制の学校についても調べてみました。知りたいことのすべてを調べ終わらなかったのですが，授業終了前に「家でも調べてみる」と言っていました。

　19回目は，久しぶりにマインドマップ（自分について）作成をしました。SAS学習の最初に取り組んでいたので，「前に，やった！」とやり方を理解していて，すぐに取り組み始めました。前回と比べて，書くスピードも速く，あまり考え込むこともなくスラスラと書いていました。書いた内容も多くなっていて，自分自身について多面的に見ることができるようになってきていると思いました。

　学習を始めた頃は，自分に価値を見出せずに必要以上に反抗していたのですが，学習を進めることで，自分自身や親ともしっかり向き合う準備ができてきているように感じました。また，進路についても最初の頃は，自分の意見を言うことはなかったのですが，今では自分のこととして考え，したいことを答えるようになりました。

5 支援に対する考察

(1) SAS学習を振り返って

　当初，支援方針を立てるときに，まずは，本心は何なのか探ることから始めようと考えていました。しかしC君の態度は，環境によるもの，思春期によるものの両方が考えられますが，反抗的でなかなか素直に自分の意見を言うことはありませんでした。こちらが焦らずにじっくりと向き合う姿勢を示すことで，安心できる大人という存在になれれば……と思いながら関わりました。母親とも連絡を取ることで，C君の考えていることを推測することができたように思います。また，自己理解についてのプログラムを一対一で進めることは，周りを気にせずに自分の思いを語ることにつながったのではないかと思われます。特に「私の外見」「私の内面」「私の性格」など自分自身を細かく分析しな

がら見つめることで，ゆっくりと自己理解を促すことができたと思います。また，C君のペースに合わせることができたので，自分自身についてじっくり考える時間を確保できたのだと考えられます。そして，これらのプログラムには，正解とされるものはなく，教科学習とは違い，生徒主体で進められること，パソコンを使った調べ学習にも発展させられたことが，生徒自身が興味をもち，意欲的に活動できる要因になったと考えられます。

　このプログラムを進めるにあたって，交流学級での授業の時間を当てたこともあり，交流学級での授業の進程によっては，生徒は交流学級の授業に参加したいと思うことがあります。そのときは，事前に申し出ることを約束しています。もちろん，ただ「参加したいから……」という理由では認められず，私が納得できる理由を言うことになっています。たとえば，「次の時間から，新しい単元に入るので，説明の時間になりそうです。だから，交流学級での授業に参加します。」といった具合です。これは，生徒にとって意思表示の機会となっています。最初は，叱られるのではないかと遠慮しがちに，ぼそぼそと話していましたが，何度か経験するうちに，はっきりと伝えられるようになっていきました。まだまだ課題はありますが，これからの進路を自分のこととして真剣に考え始められているように思います。

(2) 中学生の課題として──SAS 学習と関わって

　反抗期まっただ中の中学生から本音を聞き出すことの難しさを日々感じています。そんな反抗期に加え，発達障害のある生徒は，どこかで周りと比べ「できない自分」と向かい合う時期になります。そして，自己肯定感の低いまま「どうせ私なんて……」と卑屈になってしまうこともあります。

　自分自身をもっと正しく理解できたら，そして，「このままでいいんだ」と思える自分に出会えたら，さらには，今後の進路先で，「こんなことを手伝ってもらえたら，これはできます」と周りに発信できたら，どんなに生きやすくなることだろうと思います。そのためには，単発ではない継続的な学習が必要ではないかと考えていたときに SAS 学習と出会いました。

　本事例は，自分自身を客観的に見ること，進路と絡めて将来の自己像を描かせること，をメインに取り組んでいます。少しずつですが，ときどき本音をこ

第Ⅱ部　セルフアドボカシーの支援の実際　**99**

ぼし，自分と向き合う姿が見られるようになってきました。また，行事等で自立活動の時間が取れないと，「先生，自活はしないんですか？」と聞いてくるようになりました。「あった方がいい？」と聞くと「うん」と答えます。自立活動の時間が，必要な時間となってきていると感じました。

　プログラムを通して学習することは，本人にとっては，見通しをもって取り組むことにつながっていると考えられます。また，教科学習とは違い，生徒主体で生徒自身のペースで進められることから，生徒が積極的に取り組めるものだと感じています。そのプログラムに取り組むためには，こちらが焦らずに関わることが何よりも大切だと思います。まずは，生徒自身が自分自身を語ることで自己理解が始まるように感じました。自己理解を深めるためにも，根気強く関わり，タイミングを逃さずに支援し続けることが大事だと思います。今後は，肯定的な自己理解をもとに，あらゆる生活場面での実践力としてどう育てていくかが課題です。

　SAS 学習に取り組んだ生徒が「先生，いつまでも僕の応援者でいてください」と言って卒業していきました。こんなことが，自分と関わる人たちにいつでも言える力を身に付けられるように，今後も SAS 学習に取り組ませていきたいです。

実践事例 3 の解説

小島　道生

　本実践は，セルフアドボカシーの支援の基盤とも言える自己理解を体系的に支援した実践事例と言えます。自己理解を具体的にどのように進めればよいのかという質問を受けることもありますが，発達障害のある中学生に対する1つの方法論として道筋を提案していると言えます。

　自己理解は，他者と交流しながら他者からの指摘などによって変容を試みていく実践が大切とされます。しかし，実際には教師と生徒との一対一，あるいは少人数での取り組みとなることもあるでしょう。そうした際に，自己理解を促す段階の試みとして，本実践は参考になるでしょう。

　本実践では，導入時には取り組みやすい自分の好きなものなどのマインドマップで始めています。その後，「私の外見」「私の内面」「私の性格」など自分自身を細かく分析しながら見つめた様子が報告されています。自己理解の初期の発達段階では，視覚的に捉えられる外見的なことや，所属などの自己理解が深まります。その後，行動面なども踏まえながら，性格などの内面世界への理解を深めていきます。

　本実践では，残念ながら対象者は，当初のプログラムにはほとんど参加できていなかった様子が報告されています。自分に自信がない，あるいは自己評価が低い生徒にとって，自分を見つめることは，気持ちのいいことではなく，拒否したい気持ちが強かったと推察されます。このように，自信や自己評価が低下している生徒は，そもそも自分を見つめることを嫌がる可能性があります。そのような場合，いったいどうすればいいのでしょうか？　やはり，肯定的な自己理解を支えること，つまり自分の良さなどについて，しっかりと理解を深める活動が欠かせないと思われます。本実践の中では，6，7回目では「私の性格」について学習した際に，「何か良いところは思いつかない？」と問いかけたところ，1つだけ良いところとして「絵を描くこと」と答えたことが示されています。できれば，もう少し最初の段階で，自分の良さを自分で発見した

第Ⅱ部　セルフアドボカシーの支援の実際　　**101**

り，他者から指摘されるような機会の確保があると，より早期から取り組めたのかもしれません。

その後，生徒に変化が認められたのは，2学期からでした。変化がもたらされた理由として，「1学期に自分の思いを語り，それを否定されることなく受け入れてもらった経験をしたことが大きかった」と考察しています。また，夏休みの宿題を期限内に提出し，そのことを教科担任から褒められたことが自信につながったとも指摘されています。さらには，1学期の学習を通して，自分自身を見つめることで「このままの自分でもいいのかもしれない」と思い始めていることも挙げられています。自分を語り，少し自信を回復したことで達成経験が得られ，さらには自分の自尊感情も回復したと推測されます。ネガティブなことばで評価しがちであった生徒が，劇的に変わった姿を見せています。根気強く自分を見つめる取り組みを行う中で，自分を語り，受け入れてくれたという安心感も支えとなり，成長していったのではないでしょうか。

さて，本プログラムでは，こうした内面世界への理解を経た後に，脳の話や受容，処理伝達といった情報処理に関わる内容について取り組んでいます。自分の特性に関わる内容であり，自分自身の自己理解も進んでいったのではないかと推察されます。併せて，対処方法についても伝えていくことが大切になると思われます。苦手なことやうまくできないことがあっても，助けてもらえばいいという対処方法を理解していくことで，安心感を抱くことにつながると思われます。

さらに，本実践では生徒主体で生徒自身のペースで進めたことで，自ら積極的に取り組めることへとつながったことが示されています。自分を見つめる活動は，じっくりゆっくり取り組む方が，より深まっていくと思われます。本人のペースで自分自身を見つめ直す時間をもつためには，実践でも指摘されているように，支援に関わる人が焦らずに関わることが不可欠でもあります。「生徒自身が自分自身を語ることで自己理解が始まる」と指摘されているように，できる限り自分のことを自分のことばで語るようにしたいものです。

中学生という悩み多き時期に，自ら語ることで自分を見つめ直す中で，自分は大丈夫だと思えるように支援をすることが，自己肯定感を抱く基盤となると考えられます。そして，応援してくれる人がいる，支えてくれる人がいると思

えることが，さまざまな困難があっても頑張れるエネルギーに変わっていくのかもしれません。つまずきのある生徒の願いである，「私も応援されたい」という心の叫びをしっかりとサポートしたいものです。

実践事例4

医療現場での発達障害者の
セルフアドボカシーの支援
──'わたし'についてのレポートと親子へのインタビューからみえること──

小谷　裕実

1 はじめに

　大学生のDさんは，発達障害者支援センターの診療部門に小学4年生のときに受診され，以来著者は10年間にわたり主治医として支援してきました。ここでは，Dさんによる'わたし'についてのレポートや，Dさんと母親へのインタビューを紹介し，①医療の役割，②セルフアドボカシースキルの育ち方，の2点について考えていきます。

2 事例の概要

　Dさんは，両親，弟の4人家族です。弟は，幼小時に知的障害のある自閉症と診断され，母親は弟の子育てに必死な毎日でした。そんななか，Dさんが小学1年生のときに知人から，「お菓子をあげても他の子と分けようとしなかった」と指摘されます。当時，学校への行き渋りもあったことから療育教室で発達検査を受けたところ，発達の凸凹を指摘されました。小学2年生のときには小児科で，アスペルガー症候群（自閉スペクトラム症，以下ASDと表記）と診断を受けましたが，将来本人への告知が必要になるかもしれないと，小学4年時に発達障害者支援センターに転院し，筆者の担当となりました。小学5年生から中学2年生まで不登校となりました。

　外来診療は，学期に1回程度，不登校時は1〜2カ月に1度，親子で受診されました。診療時間は，1回30分程度で，最初は親子一緒に，最近は時間を

104

二分され個別に面談しています。家で困ったことや悩みがあると，「今度主治医に聞いてみよう」と一旦横におき，病院でまとめて質問をされてきたそうです。

3 レポートからみる医療現場での支援

(1) Dさんの卒業レポート

　Dさんがセルフアドボカシースキルを向上させていく様子は，高校の卒業時に学校で書いたレポートからリアルに読み取れます（レポートの内容は一部省略，改変しています）。

　私を一言で表すなら，"謎"だ。昔から，普段はまともなのに，時々とる言動がおかしいと言われるし，思われている。言ってしまえば，得体がしれない人。多分，この学校でもそう思われていたのではないだろうか。
　私は別に反抗的な子供ではない。大人の言うことには従っているし，授業は真面目に受けているし，ルールは守っているし，別に攻撃的でもない。普通の，真面目で，おとなしい子。しかしこれらは全て，見かけの話。中身はとんでもなかった。ここからは，エピソードを交えながら書いていこうと思う。

　小学4年生の時。担任の先生がバレーボールの大会に出ることになり，応援に行こうという話がクラスメイトの間で出た。私はその先生が大好きだったので，私も行く，と言い，試合当日，応援に行った。行ってみると，クラスの中で本当に来たのは私だけだった。いわゆる，社交辞令だったのだ。私だけが，それを理解していなかった。
　私は冗談，社交辞令，関西の"おいしい"。これらをよく分かっていない。愛のある"いじり"を本気で言った暴言だと思ったり，逆に本気で言われた暴言を冗談だと思ったり。そのため，私は冗談を言われても本気で考えた真面目な返ししかできず，ノリの悪い子だった。先生には可愛がら

第Ⅱ部　セルフアドボカシーの支援の実際　　**105**

れていたが，一緒にキャッキャとはしゃぐような友達はいなかったし，クラスの中では，浮いていた。

　だからと言うわけではないが，クラスの中での居心地の悪さを理由に，私は小学5年生の時不登校になった。別にいじめられていたわけではない。ただ周囲と合わないなと感じ，また無理をして合わせることも嫌だったので，逃げただけだ。本当は学校に行かなくてはならないということは，もちろん分かっていた。不登校になり，家にずっと居続けていた時，母から，私がアスペルガー症候群であるという告知を受けた(注1)。

　アスペルガー症候群であることは，私にとって嬉しい事実だった。何となく周囲の人の声が聞き取りづらい，話を理解するのに時間がかかる，わざとではないが人を傷つける発言をよくしてしまう，怒られることや人前での失敗を異常に嫌がる，人が怒られているのを見ると自分が怒られているように感じショックを受ける。これらは，私がおかしいから，悪い子だったからではないのだと確信が持てた(注2)からだ。

　また，家族はこの事実に対し寛大だった。なぜなら，弟が自閉症であり，そのことが，まだ私と弟が小さいうちから分かっていたからである。弟の子育てのため，母は昔から自閉症協会やセミナーに参加し，自閉症と関連の深いアスペルガーなどの発達障害についてもすでに勉強済みだった。本当に私は，恵まれた環境の中に生まれたのだなと思う。
　しかしそれは不登校がなくなる理由にはならず，結局そのまま，私は中学2年生の2学期までまともに学校に通わなかった。引っ越しは1回もしていないのに，2回も転校。そうやって環境を変えても，少しするとまた学校に行かなくなった。引きこもりではなかったものの，ほとんどの時間を家で過ごしていた。けれど今にして思えば，不登校になったおかげで私は納得がいくまで散々好き勝手できたし，家でパソコンをいじり倒したがためにタイピングが異様に速くなった。この不登校ライフをエンジョイしていた。もちろん，かかりつけのカウンセラーの先生に追い詰められた

顔をしていると言われる^(注3)ほど，良くはない状態だったが。

　そんな私が不登校を克服したのは，３つ目の中学校に入ってから。その
学校はかなり特殊で，病院と提携した支援学校だった。入学・転入条件は
提携病院に入院している患者であること。そのため，精神はともかく体に
は何の異常もなかった私も入院し，１年半，本当の患者さんと一緒にプラ
イバシーのほとんどない入院生活を送った。ちなみに，私が電子辞書に目
覚めたのもこの時期だったりする。自分の思う言葉の意味と，皆が思う言
葉の意味が同じなのかどうか不安で，それを確かめるため，普段から持ち
歩いていた。言葉に関する失敗がもともと多かったというのもある。寝間
着を漢字で見て"ねかんぎ"と読んだり，鶴の一声を"つるのいっせい"
と読んだり。間違えるたびに指摘されたり，笑われたりするのが嫌で，な
るべく間違えないようにするためにすぐ調べるようにしていた。

　そんな，私が不登校を克服した中学校の雰囲気は，のちのＨ高校にと
ても似ていた^(注4)。Ｈ高校への入学を決めた理由も，「今の中学校に雰囲
気が似ていると感じた」からだった。
　Ｈ高校は優しい場所だった。だから大好きだった。「人を傷つけてはい
けない」という空気があることに感動した。先生全体がそんな雰囲気で，
だから生徒もその空気を守っていて，私にとってとても居心地が良い場所
だった。ほとんど怒られない，傷つけられない，もし傷ついても傷ついた
と主張できる。他の高校では，得ることができなかった環境だった。「こ
こでなら傷つけられない」と思えたから，昔は失敗を恐れてできなかった
チャレンジもできるようになり，私はどんどん，"普通"に近づいていっ
た。

（中略）

　私はＨ高校で，安心できる環境をもらった。不安や悩みはもちろんあっ
たが，どれも大きなものではなかった。とても幸せなことだ。だからこ
そ，私はまた別の悩みを持ち始めた^(注5)。これでいいのか。このままでい
いのか。サポートがさほどなくてもやっていけるはずの私が，サポートを

求め続けていいのか。

　私は確かにアスペルガー症候群だが，時々そのことが信じられなくなるぐらい偏りが少ない。発達障害に詳しい人でもそう言うし，私自身でもそう思う。それでも，アスペルガー症候群の特徴に困ったことはある。耳で正確に話を聞き取ることが苦手だと私が訴えても，真面目に聞いてないからだと決めつけられ，何度も何度も聞き返すと，「2回も言わせるな」と言われた。そのような出来事が起こるたびに「私を障害者扱いしろ」と思い，「なぜ私はサポートをもらえないのだ」と怒りを抱いていた。

　しかし割と冷静に考えると，私がサポートをもらえないのは仕方がないことだった。例えるなら，私は捻挫している状態なのだ。決してベストコンディションではないけれど，歩いたり走ったりすることが，できないわけでもない。普通の人と同じ速さで動くことはできないけれど，一人で動くことはできる。もし，そんな私の近くに，骨折している人や，車いすに乗っている人がいたら，周囲の人は誰を優先して助けるだろう？　私でないことは明らかだ。

（中略）

　私はこれから，大学に進学する。きっと自由度が高まると同時に，よりサポートを得づらく，痛みを受け入れてもらえにくくなるだろう。けれど私は，ここで，いろんな人からテーピングやら包帯やら湿布やら塗り薬やらをたくさんもらった。これだけあれば，大学でもやっていける。今の私は，そう思える。

　本人への診断告知は，不登校になった小学5年生で著者が行いましたが，Dさんは母親から告知を受けたと記憶しています[注1]。いずれにせよ，'自分は悪い子'という自己認識は修正されました[注2]。「あなたは追い詰められた顔をしている」と指摘した'カウンセラー'[注3]は著者のことです。中学生になり，進学校から地元の中学校へ転校しましたが，不登校の状況は変わらず，家では母親に漫画を読み聞かせる毎日を送っていました。支援者のアドバイスにより特別支援学校に転校すると，先生の行動観察に夢中になり，学校での楽し

かったことを母親に逐一報告するようになりました。次第に落ち着きをみせ，今度は自分自身や同級生を観察し始めます。人間関係や学習にも少し自信をつけ，高校への進学が現実味を帯びると，母親は高校情報を収集し，Dさんと2人で進学先を決めました。この3つ目の中学校と高校の‘人を傷つけてはいけない’という校風に包まれ^(注4)，学習や対人スキルを向上させていきます。また，そんな自分はサポートを求め続けてもいいのかと，新たに自問自答します^(注5)。

(2) Dさん語録

Dさんは，自分がなぜ普通っぽく見えてしまうのかを考えることが好きで，母親に報告してきました。このDさん語録は専門書よりも当事者性が高く，説得力をもって私たちに迫ってきます。

〈バンジージャンプ〉

　バンジージャンプって，絶対安全って言われても怖いし，いやなものはいやでしょ。私にとって学校は，バンジージャンプと同じ。

〈ほめ言葉〉

　何かが終わった後で「頑張ったね」って言われるのはうれしいけど，「あなたなら大丈夫」っていわれるのが凄くいや！　大丈夫じゃなかったらどうするの？

〈普通級〉

　私，やっぱり普通級には向いていない。私は普通っぽく見えるんでしょ。ということは，普通級の中では本当の意味での友だちができないってことでしょ。

　授業でザワザワしてるところが苦手。しゃべるべきじゃない時に，しゃべっている人がいるって状況が好きじゃない。調理実習でも，人数が多いと，あの人の包丁の持ち方は危ないな〜とか，あの人先生の言うこと聞いていなかったな〜とか気になって，自分が大匙何杯いれたのか分からなく

第Ⅱ部　セルフアドボカシーの支援の実際　　**109**

なる。人数が多いっていうだけですごく疲れる。得意で好きな教科でも。

〈深い穴〉

　学校というエリア内には，とても深い穴（＝勉強と人間関係）がある。いつも落ちたらまずいと緊張していた。つらくなってエリアから飛び出したのが不登校。これで，深い穴に落ちる心配はないと解放された。エリア外にも結構大きな穴がたくさんあったけど，段差程度だった。ほとんどの人が，こっちは過ごしやすいよ，とエリア内に引き戻そうとするのが嫌だった。みんなには分かってもらえない。この穴を埋めてくれるのが支援。

〈パラシュート〉

Dさん：今までずっと，できるのにやらないっていわれてきた。でも，スカイダイビングをする時って，パラシュートを持っていることが大前提。私はパラシュートを持っていない。飛べるわけがないって思ってた。

主治医：あなたの背負うリュックには，パラシュートは入ってないけど，リュックは不透明だから入ってるようにみえるのよね。でもね，いつかそのリュックにパラシュートが入る日が来ると思う。もう，ハンカチとティッシュは入ってる。

Dさん：1つ目の学校と，2つ目の学校では，なぜ飛ばないの？　って言われるだけで助けてくれなかったけど，3つ目の学校はパラシュートをレンタルしてくれた。それで飛んでみたら，私は結構飛ぶのがうまいみたい。

Dの母：上手に飛べるようになったら，自分のパラシュートを欲しいって思えるようになる？

Dさん：それが私にとって高校に行くっていうことでしょ。でも，まだ持ってないし，まずはレンタルで高校に行く。ここは無理って思ったらすぐ返却すると思う。

〈漂白剤〉

　私は時々，自分のハンカチ（＝心）を絵具で汚してしまう。1つ目の学校では汚れが気になってもあきらめるしかなかったけど，2つ目の学校には漂白剤が置いてあった。3つ目の学校には，いろんな種類の漂白剤があって，汚れに合わせて使い分けてくれた。

〈骨董品〉

　1つ目の学校で，私はアンティークな置物を手に入れた。骨董品に興味はなかったし，欲しかったわけじゃないけど，価値のあるモノであることは今の私にも分かる。

〈ペンギン〉

　私はまるで鳥類の中のペンギン。鳥っぽくはないけれど，海という自分の力を発揮でき，なおかつ居心地がいいと感じる場所がある。なので，「もう他の鳥たちのように空を飛ぼうと頑張らなくてもいいや，海で飛べるし」と考えるようになった。

4　インタビューからみる医療現場での支援

　Dさんと母親にインタビューし，ご自身や診断告知のこと，不登校のことなどについて，もう一度ふり返っていただきました。

(1) Dさんへのインタビュー

Q1：自分を大切にするために必要だったものは何ですか？

　1つは，身近にいて，小さなことから大きなことまで，共感してくれる人。自分にとっては母でした。2つめは，自分を守る術。失敗したときに，自分のせい［内罰］，他人のせい［外罰］，誰のせいでもない［無罰］とする3つの考え方があります。私はかつて，何でも自分のせいにしていました。表向きは内罰，無罰を装い，内心は外罰にすると楽だと思います。ちなみに父は，困っ

第Ⅱ部　セルフアドボカシーの支援の実際　　**111**

たときに余計なことは何も言わず，「結論は？」「要点は？」「結局どうしたい？」と聞いてくれる無罰の人で，尊敬しています。

Q2：学校にまつわる思い出はありますか？

　幼稚園では，感情の伴わない断片的なシーンしか思い出せませんが，小学校の担任には好き／苦手の感情を抱いていました。小学4年生までの学校生活は順調でした。高学年女子の仲良しグループは，羨ましかったものの入る気はなかったし，そもそも入り方が分からず，かといって努力するのはいやでした。足の遅いことを同級生男子から「ブタみたい」と言われたので，「ブタ言うな，豚足と言え」と切り返し，微妙な顔をされたことがあります。生徒の指導に定評のある人気者の先生でも，指示が曖昧だと不安でした。なぜ学校に行けなくなったのかは自分でも謎。

　中学生でも不登校になったので転校し，相談室に半年通いました。勉強はいやでしたが，音楽は好きだったのを覚えています。2回目の転校では，入院して特別支援学校に通いました。病院では‘喘息食’‘嚥下食’など未知の単語が行きかい，「スゲーなこの生活」と思いました。母に長文メールで「入院生活やめたい」と抵抗したのですが，「正直な気持ちを話してくれてありがとう」と返信され，「そうじゃない」と憤りました。テストが怖くて，そのたびにお腹を壊していたら，病院の先生が「僕は病院に来るたびにお腹を壊し，トイレに駆け込んでいる。君も大変だねえ」と共感してくれ，衝撃でした。病院では似たもの同士の生活で，楽しかったです。

Q3：診断告知について，覚えていますか？　いかがでしたか？

　小学5年生で不登校となり，ある日リビングでゴロゴロしていたら，母親から「弟と同じで，あなたも自閉症をもっている」と言われました。「私はそんなに変わり者だったのか?!」「弟と一緒だったのか?!」と驚いたのですが，いやな思いはしませんでした。ビル・ゲイツ，エジソン，モーツァルトなどの偉人，有名人と一緒と聞いて，むしろうれしかったです。また，私が授業ぎらいなのは‘さぼりたいだけの悪い子’ではなく‘ASDのせいだ’と格好の理由付けができました。自分でも調べたウィキペディアの情報（実行機能障害）

112

と自分がマッチして'やはり私はASDだ'と確信しました。しかし，母は学校の先生から，「障害を理由に不登校を合理化する恐れがあり，本人に診断告知をすべきでなかった」と言われたそうです。

Q4：支援者（先生や医師などの専門職）について思うことはありますか？

当事者に対し，「本気で接しているか」「本音で語っているか」「本質を理解しているか」の3つの切り口でみると分かりやすい。3つとも○の先生は理想的。本気○・本音○・本質×の先生は，熱意があり生徒の人気は高いもののASDの本質理解がないのでつらい。本気○・本音×・本質○の先生は，厳しく冷たい雰囲気で生徒から嫌われるが，自分は指示が分かりやすくて楽。本気△・本音△・本質○の先生はすごく偉い研究者だけど，自分にとって身近な存在ではないです。

Q5：あなたにとって主治医など医療の役割は何ですか？

全面受け入れ前提で，第三者に近い人。主治医とは雑談するのではなく，相談しに行きます。ASDタイプの人間についての理解があり，絶対分かってもらえるという確信があるのです。母親も理解者ですが，専門家ではなく限界があります。また，一般のカウンセリングとは説得力が異なり，意味合いが違います。話しながら自分で考えを整理でき，問題解決に導かれる場所です。

Q6：あなたが周囲の支援者に求めるものは何ですか？

私は，比較的周りの人に伝えることができるタイプだから，人に訴えてきたつもりです。でもなかなか分かってもらえませんでした。だから最近は「この人にはいくら言っても通じなさそう」と諦めてしまうこともあります。そんな中，稀に「あ，もしかして痛いの？　休む？」と言ってくれる人が現れるとものすごく感動します。私が求めているのは，痛みに対して知識のある人というよりも，痛みに共感してくれる人，痛みを分かって対処してくれる人。共感してくれるだけでも痛みは随分和らぎます。

第Ⅱ部　セルフアドボカシーの支援の実際　113

（2）母親へのインタビュー

　一番の理解者でありよき支援者でもある母親ですが，現在の境地に至るまでは焦りや不安を抱える時期がありました。しかし，決して立ち止まらず切り開いてこられました。

Q1：支援者としての親にとって必要なものは何ですか？

　'親の会'の交流会では，何を話しても良く，周囲は絶対に口出しもアドバイスもしないルールを徹底しています。私たち親は専門職ではないし，自分の気持ちを吐き出さないと，周囲の善意の声に気づけないし吸い込めません。'早く分かってよかったね'とか，'うちもそうです'と言われて親が納得できるのは，しばらくして冷静になってから。何を言っても響かないときもあるのです。

Q2：学校とのやり取りで困ったことはありますか？

　小学1年生で学校を行き渋ったため，3カ月間登校に付き添いました。親子で絶大な信頼を寄せていた小学○年の担任に，「このくらいの生徒はいっぱいいる」「この子はアスペではない」とまで言われ，戸惑いました。小学△年の担任は，名簿順にあてる，スモールステップ，人と比べない，いじめは絶対許さない等，専門知識ではなく教師としての勘でピタリとはまる支援をされていました。小学◇年の担任は，生徒に人気のある先生だったものの，'ワークブック12ページ分を2週間後に提出''日記か自由勉強のどちらでもよい'という高学年向けのあいまいな指示に，わが子は混乱して勉強が手につかなくなりました。

Q3：不登校のあいだ，どのように過ごしましたか？

　不登校の理由を尋ねると「お母さんの本を読んでいて，不登校っていう方法があるって分かった。ダメとは思ったけど，休んでもいいと分かってうれしかった」と言うので，そのときは腹を立てました。本人は，「明日は行く」と言いながらも学校に行かず，せっかく作った弁当が無駄になり，学校に電話を

するのもつらく，親子ゲンカばかりしていました。夏休みの宿題も一切手につかず，仕方なく行ってみたいところを書き出させ，それを2人の課題と読み替えました。漫画の音読に毎日つき合っていた頃，支援者らに働きに出るよう勧められ，パートに出ました。

　転校した中学校では，相談室登校をしました。しかし本人は，「行ったらたいてい楽しいし，行きたくない理由があるわけじゃないけど，行く必要性を感じない」「本音じゃない話を無理にすることに意味なんかあるのかなぁ」と言い，また不登校になります。そこで，支援者のアドバイスに従い，特別支援学校の病弱学級に転校させました。ここでは，週末に帰宅するなり「楽しい」と延々と先生の描写を話し続けました。

　高校は，生徒の気持ちに共感する先生方が多く，登校できました。成績も伸びて安定し，大学進学を徐々に意識し始めます。オープンキャンパスを回り，よく観察して志望校を絞りました。合格後，大学に面談の希望を出し，子どもと一緒に発達障害の特性について入学前に説明しました。現在，学生支援室のフォローを受けながら，サークルにも入り，怖いくらい順調なキャンパスライフを送っています。

Q4：診断告知前後の変化はありましたか？

　本人への告知は，主治医から本人に一対一で行われました。帰りの道中で，「病気の名前は，人の前では話さない」と念押しました。告知は，「怠けているわけではないと分かってうれしかった」「本やネットでいろいろ分かって役に立った」と前向きに捉えていました。また，信頼できる人に迷いなくヘルプが出せるようになりました。たとえば，

Dさん「塾を辞めるときの挨拶はどうすればいいのですか？」
主治医「こういうときにこそ社交辞令を使います。あなたが言うべきことは2
　　　つ。今までありがとうございました。またお世話になるかもしれないの
　　　で，そのときはよろしくお願いします。これだけ。言い訳する必要はあ
　　　りません」
Dさん（私が知りたいのはこういうこと！　学校では教わらない）

第Ⅱ部　セルフアドボカシーの支援の実際　　**115**

と，特性に合った具体的な指示を得られる機会が増えました。

Q5：Dさんはその後どのように自己理解を深めましたか？

① 学校での自立訓練（アサーション）

「目の前の人の歯に青のりが付いています。どうしますか？」などのケーススタディーを通してアサーションを学びました。ケーススタディーでは正解が分かるものの実生活では自信がなく，正解を積み重ねてやっと安心できると喜んでいました。

② ほめられる体験

人と感覚が違うとの自覚があり，その隙間を埋めようと常に努力しています。「多くの人が同意するほど偏りのない信頼性が高い意見のはず。だから，1人から100ほめられるより，50人から1ずつほめられる方が，信頼性が高くなる」と考えています。いろんな人からほめてもらい，自信がもてるようになりました。

③ 同じタイプの人の存在

人の顔と名前を一致させるのが苦手で，「今までは，自分と違う人って感覚で興味がなかった」「進学先じゃない高校の人を覚える必要がない感じ」だったそうです。しかし，高校の同級生はすぐに覚えました。

④ 経験を汎化する

経験を他者理解につなげられるようになっています。たとえば，「先生が黒板に字を書くとき，書き順が違うと気持ち悪かったが，今は結果がOKなら途中は間違ってもいいと思える。自分が不登校を経験し，途中グチャグチャだったけど今がOKだから」だそうです。

5 医療現場でのセルフアドボカシーの支援

Dさんの成長の記録をもとに，医療に求められることを考察します。

(1) 支援の開始

　医療機関での支援は，基本的には発達障害の診断を前提としてスタートします。医師が，診断名やその根拠，治療法や予後などを説明し，治療の同意を得ることをインフォームド・コンセントと言います。6歳までの患者であれば親の同意で代替可能ですが，小学生から中学生ではインフォームド・アセント（同意），高校生以上では大人同様のインフォームド・コンセント（許可）が求められ，子どもに内緒に，あるいは嘘をついて診療するわけにはいきません。子どもの発達特性や心理状態，保護者の養育状況に合わせて，病院を受診する目的や治療のゴールを説明し，協働治療者としてタッグを組む必要があります。

(2) 支援の内容

　まずは問診，行動観察，各種神経心理学的検査，脳波，脳画像検査，などのアセスメントに基づき，総合的に診断します。次に親や本人へのガイダンス，精神療法，心理療法，認知行動療法に加え，リハビリ（作業療法，理学療法，言語療法），薬物療法，などの治療を個々の状態に応じて組みあわせ，処方します。その他，学校との面談や折衝，福祉制度の各種書類作成も重要な役割です。保護者に対するペアレントトレーニングや学習会，子どもに対してソーシャルスキル・トレーニングを提供する，あるいは紹介する場合もあります。最も有効な治療の1つは，子どもの生活を取りまく環境調整でしょう。主治医は，保護者や本人をエンパワメントし，彼ら彼女らが自ら学校や社会などの環境に働きかけて，適切な支援を受けられるよう，サポートやアドバイスをします。実際には，保護者を要として子どもが日頃過ごす学校と連携し，チームを組んで支援することが理想的です。連携の方法としては，診療に保護者とご同行願う，あるいは教育委員会が設置する委員会や医師派遣事業などを活用し，医療者側が学校に出向くこともできます。

　ことばで自分の気持ちや状況を伝えるのが苦手な子どもがいます。定期的な面談を通して信頼関係を築き，表情や態度・行動から子どもの特性や気持ちの変化をくみ取る，あるいは保護者から情報を収集する必要があります。最後

に，いつまでも保護者を通して本人にアプローチして支援をしていては，限界がやってきます。発達障害児も必ず将来大人になることを忘れてはいけません。

(3) 支援の経過

　子どもが学齢期までは，親や担任の理解が自己理解よりも優先されるでしょう。療育教室などで行われる，保護者の'サポートブック'づくりもその1つです。しかし，思春期になれば，自らを理解して自分の'トリセツ'を作成し，他者に働きかけるスキルが求められます。自分を知ることは，容易ではありません。いきなり診断名だけを伝えたところで，理解できるとは思えません。時間と回を重ねて診断名の意味するもの，どのような支援が有効か，誰にいつ支援を要請するかなど具体的に説明します。こうして，他者からのアドバイスや支援を受けて問題解決できた成功体験が，後の自信につながります。最後に，医療者こそ「痛みに共感してくれる人，痛みを分かって対処してくれる人」であることを忘れてはいけないでしょう。

実践事例 4 の解説

小島　道生

　当事者の語りを中心とした事例分析を通して，医療現場で求められるセルフアドボカシーの支援について貴重な提案がなされています。事例で登場するDさんによる「'わたし'についてのレポート」は，当事者のリアルな内容ですが，多くの読者は，改めて当事者の思い，願いを把握していくことの重要性に気付かされるのではないでしょうか。支援者の一方的な支援ではなく，当事者の願い，思いに寄り添い，そこから支援を考えること。それは，Dさんの「私が求めているのは，痛みに対して知識のある人というよりも，痛みに共感してくれる人，痛みを分かって対処してくれる人」という言葉にも表れています。支援者に必要な条件として「共感」，痛みを分かるという感性を兼ね備えることが不可欠と言えます。

　Dさんは，「周囲の支援者に求めるものは何ですか？」という問いに対して，比較的周りの人に訴えてきたつもりだが，なかなか分かってもらえなかった，と語っています。自分の要求，願いを訴えても，それを分かってくれないようでは，支援を求めることもつらくなることは想像できます。そんな状況は避けたいものですが，実際にはまだまだ共感に乏しい支援が繰り広げられているのかもしれません。

　また，母親へのインタビューでは，診断告知によって，信頼できる人に迷いなくヘルプが出せるようになったことが示されています。本人への診断告知により自己理解を深めて，適切な援助要請を実現できるように支援を行っていくことが大切です。それだけに，援助要請に応えられるような環境整備を行っていくことも求められます。

　母親に対して，どのように自己理解を深めていったかを尋ねた質問において，貴重な報告がなされています。セルフアドボカシーにも直結するアサーションを支援していく重要性。実際のケーススタディーを行いながら，理解を深めていったことが記されています。ほめられる経験についても，「1人から

第Ⅱ部　セルフアドボカシーの支援の実際　**119**

100 ほめられるより，50 人から 1 ずつほめられる方が，信頼性が高くなる」
と答えています。これは，よくよく考えてみると，多くの人にも当てはまるこ
とかもしれませんが，対人関係に不安や課題を抱える人にとっては，より多く
の人からほめられる経験，ポジティブな経験を得られることが自信へとつなが
るのでしょう。さらには，同じタイプの人との出会い，自分自身の経験から理
解を行っていくことなどについて説明がなされています。思春期・青年期にな
ると発達障害のある人の中には，同じような特性のある人との出会いの中で理
解しあえる，分かってくれる仲間との出会いを通して，改めて自分自身の強み
や苦手なことなど自分の特性に対する理解を深め，対応方法の理解へとつなが
ることも少なくありません。思春期以降，自己理解を深めて，セルフアドボカ
シーを獲得していく過程においては，こうした仲間との出会いを支えていくこ
とも大切な支援といえます。D さんは，自分がなぜ普通っぽく見えてしまうの
かを考えて母親に語るなど，冷静に自己分析を行っています。

　最後に，著者によって医療現場でのセルフアドボカシーの支援について考察
されています。医療者こそ「痛みに共感してくれる人，痛みを分かって対処し
てくれる人」であるというメッセージ。D さんの事例を通して，なにより当事
者の思いを大切にした，ぬくもりのある医療を実現するための筆者自身の強い
信念が盛り込まれているように感じます。D さんが答えた医療や主治医の役
割，「話しながら自分で考えを整理でき，問題解決に導かれる場所」が，多く
の医療現場に広がることを願います。

実践事例 5

セルフアドボカシーを支えるための
周囲の理解を促す支援
──高校生ボランティア養成講座を通して──

福元　康弘

1 講座の概要

　Eさんは学習障害で，特に文字を書くことが苦手です。外国に関心のあるEさんは，高等学校卒業後，地域の公民館で開かれている，英語講座に通い始めました。講師の先生は，Eさんの高校時代の元担任で，Eさんのことをよく知っていました。Eさんが，板書や宿題のプリントは，パソコンを使って入力したいことを伝えると，講師の先生は快く承諾してくれました。毎月行われる英語の進級テストも，パソコンを使って回答することができました。Eさんは自己紹介のときに，自分の特性について他の受講生に話をしました。その結果，Eさんは，伸び伸びと楽しく学ぶことができました。

　FさんはADHDで，聞いたことをなかなか覚えられません。高等学校卒業後，地域の企業に就職しました。Fさんは，同僚や上司に，「わたしはメモに書いてもらえると覚えることができます。指示はメモに書いてください」と，周囲に配慮を求めました。しかし，メモに書くことを忘れてしまう人や，「忙しいのにそんな暇はない」，「自分でも努力した方がいい」と言う人もいて，十分に理解してもらえませんでした。その結果，大事な会議に参加できなかったり，提出物の締め切りを守れなかったりして，叱られることが多くなりました。会社に自分の居場所を感じられなくなったFさんは，家族に「仕事を辞めたい」と相談しました。

　障害のある人が地域で豊かに生活するためには，本人が自立と社会参加に必要な力を身に付ける努力をすることはもちろん大切ですし，自分の特性を理解

第Ⅱ部　セルフアドボカシーの支援の実際　　**121**

して，周囲の人に合理的配慮の提供を求めるスキルを獲得すること（セルフアドボカシースキル）は非常に重要です。しかし，Ｆさんのように，周囲の人が，障害のある人の特性や支援方法，合理的配慮等についてあまり認識していない場合，合理的配慮を申し出ても，十分に提供されないことが懸念されます。

さらに，地域での生活は，事例に挙げた公民館講座や職場といった特定の場における特定の人との関わりだけではありません。地域によって異なりますが，マンションの住民会や地区の子ども会といった会合，公園やゴミステーションの清掃活動など，多くの人と関わる機会があります。たとえば，読み障害のある人は，会合で配布されたプリントや回覧板による情報伝達では内容を十分に理解できません。そのとき，障害や合理的配慮等について理解している人がいると，合理的配慮を求めやすくなったり，「こうしましょうか？」と声を掛けてもらえたりして，情報を口頭で伝えてもらう等の合理的配慮がなされ，安心して生活できると思われます。

すなわち，地域の中に障害や合理的配慮等について理解している人がいるかどうかで，障害のある人の生活のしやすさは大きく異なるということです。

このことを考えると，地域における特別支援教育のセンター的機能を有している特別支援学校は，地域の人を対象に，合理的配慮を含めた，障害に関する理解・啓発を積極的に行う必要があると言えます。

以下に，地域に障害や合理的配慮等について理解している人が増えることで生じるメリットをまとめてみました。

・地域に，障害のある人が合理的配慮を表明しやすい雰囲気ができる。その結果，障害のある人が，遠慮なく合理的配慮を申し出ることができる。
・障害のある人から合理的配慮の申し出があった際に，本人と一緒に考える人が増え，さまざまなアイデアが出され，最も適切な合理的配慮を提供できる。
・地域の，障害や合理的配慮等について十分に知らない人に説明したり，理解を求めたりすることができる。
・申し出があった合理的配慮以外においても，本人の特性やニーズにあった，

さまざまな支援を行うことができる。

・障害のある人やその家族が合理的配慮等について十分に知らなかった場合に，合理的配慮に関する情報や重要性を伝えることができる。

・障害のある人やその家族が気付いていない合理的配慮を新たに創出し，提案することができる。

2 講座の目的

　筆者が勤務している特別支援学校では，これまで，幼稚園や保育所，小学校や中学校の PTA 研修会に出向いたり，事業所の職員に本校に見学に来てもらったりするなど，地域の人を対象に，障害等についての理解を深めてもらう取り組みを行ってきました。

　この取り組みをさらに充実させるために，これからの将来の社会を担う高校生を対象に，障害や合理的配慮等を学ぶ研修会を開きたいと考え，「高校生ボランティア養成講座」を開設しました。本稿では，この取り組みについて述べます。

　高校生を対象にした理由は次の2点です。

　まず1点目に，自分を見つめ，生き方を模索する時期である高校時代に，障害について学び，障害のある人と触れ合う活動を行うことは，障害の有無にかかわらず，一人ひとりを尊重し，その違いを認め合うという感性を高め，これからの自分の進路や人生を考える一助になると思われるからです。

　2点目は，特別支援学校に在籍している児童生徒にとっても，同年代の友達や支援者が増えることで，これまで以上に生活しやすくなったり，充実した余暇につながったりすることが期待されるからです。

　以上から，「高校生ボランティア養成講座」の目的として，「高校生が，障害に対する理解を深め，障害児・者に対して適切な支援を行うことができるようにするとともに，障害の有無にかかわらず，お互いに認め合い，尊重し合う地域社会づくりの一員を担うための感性を養うこと」としました。

第Ⅱ部　セルフアドボカシーの支援の実際　**123**

3 講座について

(1) 講座におけるプログラムの柱

上述した本講座の目的を達成するために，講座のプログラムは，次の4点を柱に構成することにしました（図Ⅱ-5-1）。

①　人権尊重の再確認

そもそも障害のある人に差別や偏見の意識をもっていては，合理的配慮の申し出があっても，その提供は難しくなります。このことを改善するためには，差別とは何か，障害とは何かについて深く考えようとする意識をもてるようにすることが重要です。

高校生は，これまでの学校生活等において人権に関する学習を積み重ねてきていますが，本講座において，「差別とは何か」「障害とは何か」などについて考える機会を設定することで，人権について再度確認できるようにしました。

差別や偏見については，そのこと自体絶対にしてはいけないもの，ダメなものとして固定的に捉えると，その本質についてそれ以上探ろうとしなくなります。むしろ，差別や偏見の心は誰にでもあり，その心が生じたときには，どうしてその思いを抱いたのか向き合って考えること，差別や偏見は，その人のことをよく知らないときに生じるものであり，もっとよく知ろうとすることで，差別や偏見の心はしぼんでいくと捉えることが大切です。差別や偏見について，常に考え続けることが，障害の有無にかかわらず誰もが豊かに生きる社会づくりにつながります。

障害については，障害は，個人が有しているものではなく，周囲との関係性を含めた環境の相互作用で生じるものであることを押さえることが重要です。また，「障害者は，その社会の他の異なった

人権尊重の再確認	障害理解教育
障害のある人と関わる体験 （ボランティア体験）	障害のある子どもをもつ 保護者と話す体験

図Ⅱ-5-1　プログラムの柱

ニーズを持つ特別な集団と考えられるべきではなく，その通常の人間的なニーズを満たすのに特別の困難を持つ普通の市民と考えられるべきなのである」（国際障害者年行動計画）との認識も必要です。このような学習を通して，障害のある人に合理的配慮を提供することは，特別なことではなく，本人のやりたいことができなくなっている社会的障壁を除去することであり，当然の権利であることに気付くことができるようにします。

② 障害理解教育

　セルフアドボカシーを支えるためには，障害について適切に理解することが重要です。そのためには，障害の原因や，支援方法，障害のある人の生活など，幅広い知識をもてるようにする必要があります。

　今回の講座では，徳田・水野（2005）の障害理解の発達段階（図Ⅱ-5-2）を参考に取り扱う内容を設定しました。

　高校生は，小・中学校時代に交流及び共同学習として障害のある児童生徒と関わった経験があることから，「障害のある人が世の中に存在していることに気付く」という第1段階は押さえていると思われました。

　そこで，本講座では，第2段階である，知識化の段階（自分の身体の機能を知り，障害の原因，症状，障害者の生活，エチケットなど広範囲の知識を得る）と，第3段階（障害児・者との直接的な接触や間接的な接触を通して，障害者の機能面での障害や社会的な痛みを心で感じる段階），および第4段階（適切な認識が形成され，障害者に対する適正な態度ができる段階）の充実を目指して，内容を構成しました。また，疑似体験を取り入れ，障害のある人の気持ちを基盤に，合理的配慮について考える機会を設定しまし

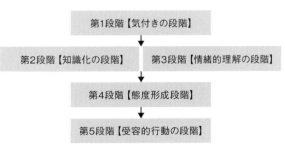

図Ⅱ-5-2　障害理解の発達段階
　　　　　（徳田・水野，2005をもとに筆者が作成）

た。

　このような学習を通して，将来的には，第5段階である，「自分たちの生活する社会的集団に障害のある人が参加することを当然のように受け入れ，障害者に対する援助行動を自発的に行うことができる」ようになってほしいと考えました。

③　障害のある人と関わる体験

　合理的配慮は，障害のある人との話合いを通して決定されます。そのためには，高校時代に障害のある人と関わったことのある経験の有無は，今後合理的配慮の提供を求められたときのスムーズな対応につながると考えます。さらに，障害のある人と実際に関わることで初めて気付くことも多いと思います。

　そこで，本校の学習発表会や運動会のボランティアとして障害のある児童生徒と関わる機会を設定しました。ボランティア終了後は，感じたことをお互いに共有し，支援方法等について一緒に考えるようにしました。

④　障害のある子どもをもつ保護者と話す体験

　合理的配慮は，障害の重い人の場合は，保護者から合理的配慮に関する意思の表明があると思われます。そのとき，障害のある子どもが生まれたときはどうだったか，障害のある子どもを育てるうえでうれしかったことや大変だったこと，地域の人にはどのように関わってほしいかなどの，障害のある子どもをもつ保護者の思いを知っておくことで，共感的に接することができます。そうすることで，保護者や本人と一緒に，より建設的に合理的配慮等について検討することができると考えます。

　そこで，本講座において，障害のある子どもをもつ保護者と話をする機会を設定し，障害のある人の家族の思いや家庭での生活，地域の人への願いなどについて知ることができるようにしました。

(2) プログラムの実際

　以上の4つの柱を踏まえて作成した本講座のプログラムを表Ⅱ-5-1にまとめました。講師は，全ての講座において本校の教員が担当しました。

(3) 本講座実施までの流れ

本講座の実施までの流れについて説明します。まず，本校職員間で講座の目的等を共通理解した後，高等学校に出向いて趣旨を説明し，講座の持ち方等について話し合いました。そして，本講座の案内用ポスター（図Ⅱ-5-3）を高等学校に貼ってもらうとともに，関心のある生徒に声を掛けてもらいました。以下に，高等学校と確認した点を記しました。

図Ⅱ-5-3　ポスター

・高等学校は，本講座を生徒に案内し，参加希望者を募集する。
・本講座は，講義編（1日），実習編（1日）の計2日間で構成する。
・講義編は，高校生の部活動や補習等が休みである夏季休業中に実施する。実習編は，特別支援学校の学習発表会や運動会におけるボランティアとして参加する。
・本講座は特別支援学校で行い，送迎は，参加する生徒の保護者が責任をもつ。

(4) 講座を受講した高校生の感想

本講座の受講中や受講後に聞かれた高校生の感想について紹介します。

これまでに障害のある人にもっていた（感じていた）イメージについての変化について尋ねました。受講前は，「こわい」「かわいそう」「関わり方がよく分からない」「障害に負けず頑張っている」という回答が多くありました。しかし，受講後は，すべての高校生が「イメージが変わった」と答えていました。具体的にどのように変わったか質問をすると，「何から何まで支援が必要な方たちというイメージがあったが，必要な部分のみで関わることが大切であ

第Ⅱ部　セルフアドボカシーの支援の実際

表Ⅱ-5-1　高校生ボランティア養成講座の各講座の目標と内容

講義編
講座①「障害ってなんだろう」
【目標】
○ICFの考え方を知る。障害は，周囲の環境で大きく変わることを知り，障害と自分の行動は無関係ではないことに気付く。 ○合理的配慮について知り，障害のある人が地域の中で生活するために必要不可欠であり，一緒に話し合いながら考えることが大切であることを知る。 ○「障害があるからお世話してあげないと」「障害に負けず常に努力している立派な人だ」などの偏った見方ではなく，できること，苦手なこと，生活している姿など，多面的に見ることの重要性を知る。 ○障害のある人に思いやりの心をもって接するというだけでは不十分で，障害に関する知識や適切な関わり方を知ることが重要であることに気付く。
【主な内容】
○障害とは何か，差別や偏見とは何か考えよう ○障害の医学モデルと社会モデル（ICF）について知ろう ○合理的配慮とは何か ○多面的に見ようとする意識の重要性 ○障害と自分の生活との関連
講座②「知的障害，肢体不自由，発達障害について知ろう」
【目標】
○知的障害や肢体不自由，発達障害の原因や，種類，学校及び生活場面での姿，関わる際の基本的な留意点について知る。
【主な内容】
○知的障害，肢体不自由，発達障害の原因や種類等について ○知的障害，肢体不自由，発達障害のある子どもが使用する教材・教具等の紹介 ○授業や生活の様子の紹介（VTR） ○疑似体験（読み障害のある人の見え方など）と支援方法（問題文を読み上げてもらうなど） ○知的障害や発達障害のある人がパニックになった際の支援方法（危険のない，静かな場所に誘導するなど）
講座③「視覚障害について知ろう」
【目標】
○視覚障害の原因や種類，学校及び生活場面での姿，関わる際の基本的な留意点について知る。
【主な内容】
○視覚障害の原因や種類等について ○視覚障害のある子どもが使用する教科書や教材・教具の紹介 ○授業や生活の様子の紹介（VTR） ○点字や白杖を使ってみよう ○介添え歩行の仕方について学ぼう
講座④「聴覚障害について知ろう」
【目標】
○聴覚障害の原因や種類，学校及び生活場面での姿，関わる際の基本的な留意点について知る。
【主な内容】
○聴覚障害の原因や種類等について

○聴覚障害のある子どもが使用する教材・教具等の紹介
○授業や生活の様子の紹介（VTR）
○聴覚障害の疑似体験（ヘッドフォンの使用など）から感じたこと
○手話・口話・指文字を使って会話してみよう
○聴覚障害のある人と関わる際に大切にしたいこと

講座⑤「障害のある子どもをもつ保護者の気持ち」
【目標】
○障害のある子どもが生まれたときの気持ちや，成長過程における喜びや悩みなど，障害のある子どもをもつ保護者の思いに触れる。
【主な内容】
○映像や写真を通した，障害のある子どもの成長過程の紹介 ○子育てをしていてうれしかったこと，嫌だったこと ○障害と家族の絆

実技編
講座⑥「ボランティアとして大切なこと」（30分）
【目標】
○ボランティアをする際の留意点について知る。
【主な内容】
○ボランティアをする際に大切なこと（個人情報は守秘義務があること，できることとできないことは明確に伝えること，友だち同士の付き合いではないこと，分からないことは職員に尋ねるなど）
講座⑦「学習発表会，運動会のボランティア体験」（180分）
【目標】
○学習発表会，運動会のボランティアとして，障害のある子どもと関わる。
【主な内容】
○学習発表会，運動会におけるボランティア体験 ○障害のある子どもとの交流活動
講座⑧「ボランティア体験の振り返り」（30分）
【目標】
○ボランティア体験を振り返り，感じたことを発表する。
【主な内容】
○ボランティア体験で感じたことの発表 ○感想文やアンケートの記入 ○質疑応答 ○修了証の授与

第Ⅱ部　セルフアドボカシーの支援の実際　　**129**

ると分かった」「距離を感じていたが，心理面でも近く感じられるようになった」と答えていました。

ボランティア活動についても，「講義を受けて分かった気になっていたが，実際に関わることで，一人ひとり違うことや，違いに応じて工夫することなどいろいろなことに気付けた」などの声が聞かれました。

また，本講座で勉強になったこととして，障害についての知識や障害のある人との関わり方に加えて，自分の価値観が広がったと答える高校生も多くいました。

さらに，本講座修了後に，本講座とは別の，本校生徒と触れ合う活動に参加したり，地域の障害者施設のボランティア活動に申し込んだりする高校生もいました。本講座で学んだことを生かして，自分から障害のある人と関わっていこうとする意識の向上を感じました。

4 講座に対する考察

私たちは，自分たちにとって当たり前のことができない状況にある人に対して，「仕方がないこと」，「気付かなかった」と，簡単に片付けてしまっていることがあると思います。その結果，障害のある人の生活には多くの困難が生じています。

地域の中で障害のある人のセルフアドボカシーを支えるには，私たち一人ひ

写真Ⅱ-5-1　講座（講義編）の様子

とりが，まずは自分たちの当たり前を無意識に押し付けていないか，そのことで困っている人やつらい思いをしている人がいるのではないか，という視点をもつことが大切です。さらには，「障害のある人のために」ではなく，「障害のある人とともに」という意識をもつことも重要です。そのためには，地域において，障害について学んだり，障害のある人と一緒に活動したりする機会を設定する必要があると考えます。

　今後の課題として，本講座の，障害のある人のセルフアドボカシーを支えるうえでの有効性を検証すること，本講座を継続的・発展的に実施できるように，行政機関等との連携を検討することなどが挙げられます。

　これからも，高校生を含め，地域の人が障害に自分のこととして向き合い，障害の有無にかかわらず誰でも幸せに暮らせる社会づくりに向けて，本講座の在り方や特別支援学校にできることを追求していきたいと思います。

【引用・参考文献】

片岡美華（2013）海外の思春期発達障害者支援の先進的な取り組み：セルフ・アドボカシー・スキルを中心に．小島道生・田中真理・井澤信三・田中敦士編著　思春期・青年期の発達障害者が「自分らしく生きる」ための支援，金子書房．

真城知己（2003）「障害理解教育」の授業を考える，文理閣．

竹端寛史（2013）権利擁護が支援を変える：セルフアドボカシーから虐待防止まで，現代書館．

徳田克己・水野智美編著（2005）障害理解：心のバリアフリーの理論と実践，誠信書房．

好井裕明（2007）差別原論──〈わたし〉のなかの権力とつきあう，平凡社．

ジュリア・カセム／平井康之／塩瀬隆之／森下静香編著（2014）インクルーシブデザイン　社会の課題を解決する参加型デザイン，学芸出版社．

実践事例 5 の解説

片岡　美華

　セルフアドボカシーは，当事者が勇気を出して支援や配慮を求めた先に，受け止める側の態度や行動があって成り立つと言えます。本報告は，その受け止める側に注目し，障害の知識や尊重の態度を育むための実践を行っています。

　具体的には，「高校生ボランティア養成講座」として 4 つの柱をたてて実践していました。1 つ目の人権尊重については，差別や偏見に対して平等や権利などの本質について迫っており，ICF も含まれています。ICF は，現在，障害をとらえる際の基本的な考え方として浸透しています。障害のある人がさらに力を発揮できるようにバリア（障壁）を取り除き，環境を整備していくことは，合理的配慮と密接に関わることです。そしてそのバリアは，その人の障害の状態，置かれている状況，地域・制度などにより異なります。したがって，当事者が，周囲の人々とともに考える，伝えあうことが必要となってくるでしょう。これはセルフアドボカシーにつながることであり，周囲の人が障害について認識を深めるためにも欠かせない学習内容と言えます。

　2 つ目の障害理解教育ですが，ここでは，障害理解の発達段階をもとにプログラムが構成されていました。3 つ目のボランティア体験と併せ，障害の各論を学び，体験することが盛り込まれています。障害についての学びの薄さや安易な体験は，かえって差別意識を助長させることがあります。そのため，第 I 部第 3 章でもふれたように，系統的に障害を学ぶこと，発達段階に応じて関わり方を知ることが求められます。本実践は，高校生を対象としていたことから，ただ学ぶのではなく，その学びを生かして，自らの態度形成や行動に生かしていくというところまで狙っていました。本来障害理解教育は，幼児期からの継続的な教育が求められています。しかしなかなか幼児期から青年期までを見通した一貫した教育を行うのは難しく，知識が断片的になりやすいものです。また，知識はあっても実際に障害のある人と関わったことがない場合，どうしても他人事としてとらえ，知らないことからくる誤解や恐れを抱くことさ

えあります。このことからも実際にふれあい，関わる活動は大変重要です。先行研究でも示されていますが，身近に障害のある人がいる場合や，仲良しの友だちに障害があった，子どもの頃から折に触れ関わってきたという経験のある人は，よりスムーズに知識を吸収し，うまくつきあっていくすべを知っているようです。本実践では，高校生が対象ですが，多感な時期に触れ合う経験は，彼らの価値観形成や今後の行動に大きな影響を与えることと思います。

　4つ目の柱は，障害のある子どもを持つ保護者と話す体験です。障害の有無にかかわらず，子どもの育ちをもっともよく知っている保護者の話を聞くことは，将来の保護者（必ずしも実子をもつことではなく子どもを見守る大人として）となるうえでも貴重な経験となると思います。さらに，保護者は，障害の状態によっては，合理的配慮を求めていくアドボケーター（代弁者）となっています。したがって，この体験談は，当事者としての思いと，受け手である支援者に求めること，また自らも日常的に支援を行っている者としての苦労や悩み，希望について語り合える機会とすることもできるのではないでしょうか。

　本実践は，セルフアドボカシーをとりまく周囲の知識を向上させ，当事者がセルフアドボカシーを行使した際により円滑に支援が提供されることが目指されていました。しかし見方を変えれば，支援者自身が自分の知識の状態を知り，自らの行動を振り返ることでもあり，これは自己理解にもつながります。第Ⅰ部第2章で述べたように，自己理解は他者理解と関連しており，人が発達し，自立するうえで重要なこととして，学校教育でも，キャリア教育に含まれています。また，社会には，障害のみならず，さまざまなマイノリティや文化的背景が異なる人たちがたくさん暮らしています。そこで，多様性という観点でこうした学習を広げていけると障害の枠を越えた豊かな学びへとつながるのではないかと考えます。

　最後に，本講座を受けた後，障害へのイメージや価値観の変化を高校生が語っていました。少しのきっかけで世界が大きく変わったのかもしれません。あるいは，まだ少ししか生活は変わってないけれども，今後育つであろう変化の種が植えられたかもしれません。子どもたちは柔軟な心をもっています。だからこそ，こうした学びの機会を少しでも早く，少しでも多く与えてあげられると皆が暮らしやすいインクルーシブな社会となるのではないかと期待します。

第Ⅱ部　セルフアドボカシーの支援の実際　　**133**

第Ⅲ部
当事者からの
メッセージ

当事者に
「自分で支援を求めなさい」と言われても
──合理的って，そもそもなに？──

神山　忠

▶ はじめに──私について

　私（神山）は，文字の処理が苦手な人間です。本を読んだり，作文をしたりすることはうまくできません。いわゆる学習障害（読み書き障害）の特性が非常に強いです。そのために小学生・中学生のときには，自分のふがいなさを自覚し「こんな自分が生きていく意味があるのだろうか」，「いつ死のうか」，「どうやって死のうか」というようなことばかり考えていました。

　しかし，いろいろあって自衛隊に入隊した私は，文字による教育ではない「口頭で教えられる」，「実物を操作して学ぶ」といった学びに出会いました。すると，今まで「自分には能力がないからできない」，「やっても無駄だ・無理だ」と思っていたことも次々にできるようになり，自尊感情，自己有能感，自己有用感をもつことができました。

　そこから「自分のように学齢期に苦しい思いをしなくていい学校教育を目指したい」と思い，昼間は自衛官として日々厳しい訓練をし，夕方訓練を終えてから夜間の短大に通い教員免許を取得し教員の道に進みました。

　私の学齢期を知っている恩師や友人が，この進路変更を知ったときの驚きは大きなものでした。「あんなに学校や教師を憎んでいた神山がなぜ……」，「勉強ができなかった神山がどうやって……」そんな驚きもありました。実はそれ以上に驚かれているのは，勉強ができなくて発信することも少なかった私が，「こんなことを考えていたり，こんなに深く物事を考えたりしていたんだ」ということです。

　情報の入力がうまくできない私でも，支援やテクノロジーを使って情報保

障・情報アクセスできれば，十分に考えることはできます。

　また，情報の出力がスムーズにできない私でも，テクノロジーをうまく使うことで考えていることを発信することが可能なのです。

　今回，この寄稿に関しても，手書きでまとめることを強いられたら，私にはできません。しかし，パソコンのワープロ機能を使うことで可能となります。

　文章としては，まとまりのないものだと思いますが，いろいろな配慮や支援を得ることで，「読み書き障害の当事者でも，こんなことまで考えたり，こんな違った視点で物事を捉えたりしているんだ」と感じてもらえれば幸いです。

　私のように適切な支援やテクノロジー活用が保障されることで，今は埋もれてしまっている子どもたちや仲間たちが，学びやすく・生きやすくなればと願っています。それは，その人たちの利益にとどまらず，その他の人の生きやすさや心の豊かさにもつながることだと信じています。

　それでは，しばし読み書き障害当事者の心の中の冒険にお付き合いください（なお，当事者の視点からの思いであるので，偏った見え方だと思います。しかし，その偏りに触れてもらうことが，自己権利擁護（セルフアドボカシー）を主張できる雰囲気をつくるのに役立つのではないかと考えています）。

▶ 法律はできたけど

　障害者差別解消法が施行され，基礎的環境整備のうえに個別に配慮をされるということで障害者およびその家族はとても期待していました。

　しかし，「どのように合理的配慮を得ていくといいか」という類のガイドラインは積極的に出されていない状況だと感じています。合理的配慮は，本人の申し出により初めてスタートするものだと自覚しています。しかし，求める側はどのように求めていったら良いのか分からず止まっている状況がほとんどのように感じています。

　これは私のような成人であってもそういう状況であるので，学齢期の障害がある児童生徒は全く手が出せない状況のケースもあると思います。

　霞が関で行われた公的機関主催のある会議でこんなことを提案したことがあります。「よく各団体や企業の Web サイトを見ると『プライバシーポリシー』

第Ⅲ部　当事者からのメッセージ　**137**

というページを目にします。それと同じように『合理的配慮ポリシー』という
ようなページを設けて,『私たちの団体ではこうした配慮は提供できます』
と,その団体等が基礎的環境整備している部分と個別配慮の例や過度な負担に
ならないことを提示し,『その他に関しても個別対応を積極的にしていきます』
といった表明を努力義務として課すくらいにしないとうまくスタートできない
のではないか……」という内容でした。

　しかし,その会での反応は薄かったように感じました。「まずは様子を見て」
とか「いきなり積極的に配慮しますというスタンスをとると対応しきれないよ
うな大変な事態になってしまうのでは」といった空気を感じました。

▶受け皿の整備

　こうした経験や空気を味わった者として合理的配慮を求めるうえで,どうし
ても欲しいのが前例だと感じています。

　提供側も配慮を求める側もさまざまな前例があるとよりスムーズに事が運ぶ
だけでなく,求める側は前例に触れるだけで意欲というかエネルギーをもらえ
る気がします。そこで,求める側には特に,前例に触れられる機会,ロールモ
デルを知る機会を保障してもらえるといいのではないでしょうか(これも基礎
的環境整備だと感じています)。

　前例がなければ,選択肢というか想定肢を作っていくことは提供者側として
必要なことだと考えています。日頃からその取り組みをしていれば,何か要望
があった際に慌てずに対応できることにもつながると思います。危機管理とい
うと合理的配慮を求められることはリスクと感じてしまうかもしれませんが,
多様化・複雑化してくる社会において想定し,備えて,積極的に取り組んでい
くことはコンプライアンスにも関わってくることだと考えています。そうした
取り組みの中で前例づくりを積極的に行えば,その団体や企業の価値や評価は
高まる方向に向かうでしょう。

　教育に関して言えば,国立特別支援教育総合研究所が「『合理的配慮』実践
事例データベース」を公開しています。これにより助けられている児童生徒は
実際います。

138

教育だけでなく社会生活を営むうえで必要な配慮等の前例や事例をもっと知ることができると，相互にストレスなく配慮整備が進んでいくのではないでしょうか。

▶ 求める手順の整備を

受け皿が整ったとしても次の課題となってくるのが，求める側がいかに配慮を求めるかの周知です。「どこに行き，誰に，何を説明し，どのような配慮を求めていくといいのか……」など何も分からない状況です。

私の体験ですが，こんなことがありました。数年前にある図書館で視覚障害者向けの録音図書を借りようとしました。しかし，私は視覚障害を証明する手帳は持っていません。そこで，「ディスレクシア（読み障害）という障害特性があり文字が苦手なのです」と説明しました。すると「何で文字が読めないの，しっかりと日本語を話しているし，車も運転でき目も見えているのに……」と質問されました。私はこの担当者に説明しきろうと思ったら1時間はかかると思い「じゃあいいです」と引き下がってしまいました。

また，市役所でこんなこともありました。親の介護に伴い書類を記入して申請する必要がありました。いつもだと一度用紙をもらいに行き，家で家族に頼んで読んでもらったり書いてもらったりして後日また申請しに行くようにしていました。しかし，なかなか平日に市役所に行くことができないような毎日だったので，その日に窓口で聞いて書くしかありませんでした。窓口で「ディスレクシアで文字が……」などと説明しても難しいと思ったので「すみません。老眼用のメガネを忘れてきたのでこの文字読んでくれませんか」と頼むとすんなり対応してもらえました。

説明しきることの難しさは感じていますが，支援（配慮）を得るために納得してもらうことはそれほど難しくはないのだと感じた出来事でした。

そこで，あるといいなと思うのは，配慮を得るための手順表です。その手順に沿って求めていけば，欲しい支援が得られるという手順表があると助かります。そこには配慮を得るための説明は必須かもしれませんが，そこの部分を最小限にしてもらえると助かります。医師の診断書，各種の手帳等があれば本人

第Ⅲ部　当事者からのメッセージ　　**139**

が自分の障害特性を説明することは最小限にできるというような手順表があると助かります。

　障害の状態を説明することの大変さは，恐らく本人にしか分からないことだと思います。そして，いくら説明したとしても本人以外は理解できない世界もあると思います。理解し合うことの大切さも分かりますが，それよりも「そういう困難さがあるのね」と困難さを共有できれば必要な配慮の落としどころを探っていく合意形成作業に入れると考えています。

　必要なのは，さまざまな少数派や生きづらさを抱えている人の障害理解を広げることよりも，あったら助かる支援が広がっていくことだと考えています。

　もちろん社会に少数派であるさまざまな生きづらさを感じている人たちへの理解が広がることは，多くの人の生きやすさにつながる鍵です。しかし，そのことを合理的配慮を求める側の努力にだけ頼って迫っていくのは過度な負担になると考えています。

　つまり，合理的配慮を得ることと，障害理解を図ることは別ものとして考えていけるといいのではないでしょうか。

▶生きづらさのない社会の構築

　今まで障害者は，「社会参加」，「学習参加」という基本的な土俵に上がるために多くの労力を割いてきた経緯があります。「バスに乗れない」，「アパートが借りられない」，「学ぶ場所が切り離される」，「教科書にアクセスできない」など，生活したり学んだりする基盤となる部分を確保することに力を注いできました。

　確かに福祉や特別支援教育が充実する中で，経済的負担の軽減や利用できるサービスが増え家族の負担軽減は図られてきました。しかし，そのことによって当事者はより社会との距離を置かれたり，社会に出てからの生きにくさ増大につながったりしていることもあります。より細分化してサービスを充実させることで，一般社会との距離が広がるようでは，障害者にとっても健常者にとっても不利益になると感じます。一般社会が障害者慣れしない脆弱な社会をつくっては，両者の生きづらさは増す方向に向かうことでしょう。

海外に行くと，街中で日本よりも多くの障害者が普通に外出している光景を目にします。これは，その国が障害者慣れして脆弱性が補えていることを意味していると思います。日本は，まだ発展途中であると自覚したいものです。

▶ 自立と依存の関係

　インクルーシブ社会に舵を切るために必要な視点として外せないのは「自立と依存」の関係だと思います。自立とはどういったことでしょう。身辺自立，社会自立，経済的自立などいろいろな場面で自立ということばを目にします。

　果たして健常者と言われる人は，本当に自立していると言っていいのでしょうか。自分で自分の下着を作っている人は何パーセントいるでしょう。靴，服，家，食材など考えると生活の中で完全自立している部分は数パーセントだと思います。その値は，きっと障害者が依存していると言われる中での，自立の割合とさほど変わりない数値だと予想します。多くの人は，外注したり購入したりして生活しているのです。その外注する部分が数パーセント異なるだけだと思います。

　つまり大きな視点で見ると，人間の営みの中で「自立しているか」，「自立していないか」を考えると健常者も障害者もどんぐりの背比べのように捉えることができると思います。

　依存と聞くと「劣っている人が行うもの」と考えがちですが，誰もが依存し合いその中で自分の力を発揮しているのが実態だと考えています。そればかりか依存し合うことは，人間の本質であり，それが社会構造の基盤になっていると感じます。

　依存し支援を得ることは，優劣に関係することではないこと，誰しも必要な支援を得ながら生きていて，それでも自立していると言えることをみんなで理解したいです。

　支援は，人から得るばかりでなく，医療やテクノロジーから得ることも出てきます。これをうまく組み合わせることは，支援を得ながらより自立している生き方になると考えます。

　もし「来週，沖縄で会議がある」といった場合，歩いたり泳いだりして行く

第Ⅲ部　当事者からのメッセージ　　**141**

人はいないでしょう。交通機関を使って移動し，自分のパフォーマンスを会議に注げるようにするでしょう。これは移動を交通機関に依存しながらも，会議に出て力を発揮するという自立の例と言えるでしょう。これと同じようにスマホやナビを使いながら自立生活をしている人は多いと思います。

　同様に，教室でもそうしたテクノロジーを使うことで自立した学びができる子もいると思います。テストでも，紙と鉛筆で受けるという縛りがあることで力が発揮できない子もいます。紙と鉛筆で解答することは試験の本質でしょうか。テクノロジー利用の解答を認めることで，試験の本質である「理解し定着しているか」という本来の力を測り評価することができ，必要な学びの補いを行うことができます。

　テクノロジーを使うことは，特別なことでなく，より本質的なことに力を注ぐためのツールだと考えたいです。

　「自立と依存」，「依存と共生」，「共生と共存」これらの意味を考える中でテクノロジー利用を加味すると，よりインクルーシブな社会の創造ができるように感じています。

▶ 上手な依存が自立

　自立と依存は相反するものではなく，依存しながらも自立していると言える例を前に挙げました。もう少し深く考えてみると，上手な依存ができることが自立生活につながっていくのだと考えています。「誰かに頼める関係づくり」，「誰かに頼れる関係づくり」が自立の鍵なのでしょう。

　依存と聞いて思いつくことばは「依存症」ということばです。薬物依存，アルコール依存，ギャンブル依存などなどいろいろな依存症があります。

　その方たちは，ひょっとしたら「誰かに頼める関係づくり」，「誰かに頼れる関係づくり」ができなかったことで，望まない形の「依存症」に至ったのかもしれません。

　恐らく脆弱性のある今の社会の中に，「自立することが大事」で「依存（人の手を借りて）は劣っていること」という認識が広がってしまっているのでしょう。それにより，上手に依存できなくて，過度なストレスを抱えてしま

い，適切な依存ではなく好ましくない形の依存をしてしまう構図があるのかもしれません。

▶障害種による困難さ

いろいろな障害種の方たちと意見を交流したことがあります。その際に「見た目に分かりやすい障害は『障害者』で，見た目には分かりにくい障害は『障がい者』ではないか」という話になりました。

『障害者』は必要な支援を得やすく，『障がい者』は必要な支援を得にくいという意味で使われました。

見た目に分かりにくい場合，成育歴の中でよりストレスを感じているのではないかという話にもなりました。ある難聴のある方が「いつも，みんなが話していることを聞き取ることにアンテナを高くして緊張しています。聞き取れなかったときには，いかに話の流れを途切れさせないように聞き直したらいいかを気にしています。そうしていると話の内容が全く分からないようになってしまいます」ということを言われました。

この話は，合理的配慮を得るというような大きな課題の前に，日々の暮らしの中に小さな困難さがたくさん転がっていることを示してくれていると思いました。一見，健常者と何ら変わらないように見えても，普通に暮らしているように見えても，配慮や支援が行き届かないために見えない困難さやストレスを抱えているのだと思います。

伝えたいのは，一言で障害者と言っても支援や配慮を得やすい障害とそうでない障害があるということです。

それ以上に伝えたいのは，支援を得やすい場合でも「真に必要とする支援や配慮を過不足なく得ることは難しい」ということです。

私は，私が相談等で関わっている子どもたちや当事者（成人）の多くに，「自分プレゼンを作ってみないか」と投げかけています。それは，私が自分自身を他者に理解してもらうのに有効だったからです。

「私には，こんな特性があります」「こんなエピソードがありました。それは私のこんな感覚から起因したことだと思います」など文章やことばだけでは伝

第Ⅲ部　当事者からのメッセージ　**143**

えづらいことを，スライドにするものです。

こうした「自分プレゼン」を使うことで，見た目には理解されづらい障害でも感覚として納得してもらえたり，お互い歩み寄れたりします。

障害者手帳，サポートブックなどがあるから必要ないと言われる方もありますが，自己権利擁護（セルフアドボカシー）をするときの強い味方になると考えています。何人かの当事者には，スマートフォンに私のプレゼンを入れて，何かのときに見せられるようにしています。実際，使ったことは一度しかありませんが，それを持っているだけで何だかお守りのように感じています。

▶ 適切な支援と配慮のために

日本の障害者福祉を見てみると，障害者種別ごとにさまざまな取り組み（奮闘）があり，それぞれが相当な努力をして今の制度になっていることを知ることができます。

その中で，いろいろな制度ができ，補助される部分が確保されてきました。現在，その補助等が必要な人に必要なだけ届いているかと考えてみる必要があると思います。

また現在，同じ障害の状況でも住んでいる地域や家族構成などによって，利用できるサービスが異なっています。しかし，環境や状態が違っていても，一律に補助される金額は同じであったり，情報を知っていて申請した人だけが補助され助かっていたりする場面にも出会います。

教育で見てみると，特別支援学校や特別支援学級に在籍している児童生徒には就学奨励費が支払われます。給食費はもちろん通学費，体操服，修学旅行費，ランドセル代などまで支払われます。これは，就学猶予や就学免除の制度によって障害がある児童生徒の教育が置き去りにされていた時代があり，そこから障害がある児童生徒の教育を急速に充実させる必要があってできた奨励費制度のように見て取れます。

しかし，この10年間で特別支援学校や特別支援学級に在籍する児童生徒は倍増し，就学奨励費だけでも年間100億円を超えました。これは行き過ぎのようにも見て取れます。就学奨励費以外にも月々障害児に対する福祉手当など

数万円補助されるだけでなく，相当額補助されて放課後等デイサービスなどの福祉サービスも受けられています。

確かに，それらが必要な児童生徒や家庭もあります。しかし，制度化されていることで，過不足ある補助態勢になり，国の教育予算や福祉予算の圧迫につながっている部分が見て取れるのも事実です。

貧困に苦しむ子どもたちが急増している中，障害のある児童生徒への手当てが際立って見える時代にもなってきています。

合理的配慮を求めるということは，過不足ない配慮を求めるということでもあると思います。合理的配慮を得るためには，今までいろいろな経緯で得ることができていた補助やサービスなどもトータルで見直す必要があると考えます。

一度手にしてしまった権利を手放すこと，年間数十万円の補助を見直すことは痛手です。しかし，それをしないと障害者に対する差別や偏見をなくすことはできないと思います。

自分たちが勝ち得た権利は権利として得続けても「これは合理的なのか？」を障害者側が冷静に見直し，その中で不必要（過剰）な部分は補助やサービスを切り，足りない部分を合理的配慮として求めていけるといいのではないでしょうか。

それをしないで，合理的配慮だけを今後求めていくというのは，過度な負担を求めることになり，提供者側が財政的に倒れてしまったり，「障害者は厄介だ」というような風潮になってしまったりするのではないかと恐れています。そんな方向に流れると，障害者の姥捨て山論や障害者抹殺論（優生思想・強制断種思考）が人の心の中にわいてしまう社会に向かっていくのではと懸念します。

障害当事者もそうでない人も，「障害者の差別という視点だけでなく，貧困，難病など多くの生きづらさを抱えている方たちも含めてインクルーシブな社会づくりを目指していく視点」に立ちたいと願っています。

第Ⅲ部　当事者からのメッセージ　**145**

▶ 心のバリアフリー

　これまで述べてきたことは，「心のバリアフリー」という環境整備のためです。あちらこちらと話は飛びながらですが，多くの視点から考えても価値観や体制，どれをとっても根本には「心のもちよう」の問題につながる気がします。

　支援を求める側の心のバリアフリー化も必要ですし，提供者側の心のバリアフリー化も重要です。それができたとき，誰もがより生きやすいインクルーシブな社会を創造していけるのでしょう。

　そこまでが，合理的配慮のための基礎的環境整備だと理解されることを心から期待しています。

　「段差をなくしたから環境整備は終わり」，「スロープをつけたからOK」ではありません。ハード面だけでなく，「心のもちよう」，「ソフト面」，「心のバリアフリー」が相互の生きやすさにつながる重要な視点だとみんなで理解し合いたいです。それなしで，合理的配慮を提供しても，持続可能で誰もが生きやすい社会にはつながらないでしょう。

▶ 自己理解が必要

　よく障害受容とか障害告知の問題を相談されます。セルフアドボカシーを考えるうえでも，当事者の自己理解は外せません。

　「自分の強みは何で」，「自分の苦手さは何で」，「自分の生きがいは何で」というように，自分の長所や短所，夢や希望が自分の中で明確になっていないと，なかなかセルフアドボカシーを求めていくことは難しいと思います。

　なぜなら夢や希望がない中で，何かサービスを得ていこうという気持ちにはなれません。そして，自分の長所を知らないで，短所だけ知っている状態では「自分は駄目な人間なんだ」という思いから抜け出せません。

　長所も知り，自分が輝いている姿が想像できるようになっていないと，他者に自分の権利擁護を主張していくことはできないと考えます。

　そこで，その作業を本人任せでできるかというと難しいと思います。他者か

らの自己理解支援を適切に得られることが重要だと思います。

　これは学齢期だけでなく，成人期になっても必要なことだと思います。一番いいのは，褒められる経験を日々の暮らしの中で行うことだと思います。その他には，定期的なカウンセリングなども有効だと思います。

　先にも述べましたが，私は相談に来てくれる方たちといろいろな話をしながら「自分プレゼン」のネタをご本人の口からきかせてもらっています。ただ自己理解という観点で相談に乗るだけでなく，一歩踏み出せるものになるような作戦ツールとなるように一緒になって「自分プレゼン」づくりをしています。

▶ 情報提供

　前例やロールモデルを知らせてもらえると，本人はエネルギーを得て「自分で権利擁護していいんだ」，「自分もしていこう」と思うことができます。

　そして，配慮に関しては，人による配慮，場所による配慮，テクノロジーによる配慮などいろいろな配慮が考えられることを知り，その中で自分に合った配慮を模索できるような情報を保障してもらえると本人は助かります。

　特にテクノロジーによって自分の生きやすさが開拓していけることは，本人にとってこのうえない喜びのように感じる方もあるでしょう。「人の手を煩わせずに，自分の力でこれを使いこなして自分の生きやすさを向上させる」こんな体験は，自信や自己有能感につながります。

　そこで，他者からテクノロジー情報の提供を受けられることは必要なことだと思います。また，そうした情報を自分で得られるスキルの獲得も重要だと思います。「教えてくれる人がいないから私はできません」ではなく，自分で必要な情報を得ていくことができるようなレクチャーも重要な視点だと考えています。

　私自身，誰かに毎回教えてもらって現在に至っているわけではありません。自己理解と向上心が，そのときどきに合った作戦を開拓する源になってきたと感じています。当事者の中には，つらい経験から向上心がいだけない心理状態に陥っている人もいます。その人たちにセルフアドボカシーを求めなさいと言ってもさらなる困難さを背負わせてしまうだけでしょう。

第Ⅲ部　当事者からのメッセージ　**147**

前例やロールモデルを知ることは，そうした状態にある当事者の向上心をよみがえらせることにもつながると考えています。

▶ テクノロジー活用

どんなに優れたテクノロジーであっても使いこなすスキルが必要です。以前にあったことですが，ある児童が教科書バリアフリー法に基づくデジタル教科書を申請して使用を始めました。

学校側も保護者も，それを使えばすぐに勉強ができるようになるものだと考えていたようです。しかし，デジタル教科書のデータをダウンロードしても学習の困難さは改善されませんでした。

その児童は，パソコンに触れた経験が浅く，マウスの操作も不慣れでした。そうした実態の児童が，教科書のデータを手に入れたからといって即勉強ができるようになるかは冷静に考えれば分かることです。しかし，この児童の場合は，「改善が見られない＝合理的配慮ではない」という判断で，引き続きデジタル教科書やパソコンを使ってする学習の機会は奪われてしまいました。

足が不自由な人が，初めて車いすを使用し，それも電動車いすだった場合，いきなりすいすいと乗りこなして移動が自由になりますか？　なりませんよね。それと一緒で，テクノロジーをはじめいろいろな配慮をする場合，それを使いこなすだけのスキルをしっかりとレクチャーすることもセットで行わないといけないと考えています。

テクノロジー利用を配慮として行う場合は，使いこなすための時間と支援も加味する必要があることを支援を求める側も提供する側も知っておく必要があると思います。

私が心がけていることは，一定期間で振り返りをすることです。つまりPDCAサイクルの「C（チェック）」です。どのタイミングでチェックするかというと実態に左右されますが，「ある一定期間」という軸と，「ある状態になったら」という軸をもっています。

ある一定期間は，テクノロジーを使いこなせる期間をもとに考えることが多いです。ツールとして使いこなせるような計画を立て，それが順調に進んでい

148

るかをチェックするようにしています。

　それよりも大切にしているのが，その当事者の状態がどうなのかを気にすることです。心理的にパンクしそうになっていないか，その当事者にとってさらなる負担を背負わせる事態になっていないかに最大限配慮して，もし，ある症状が出たら即中断するということを周囲の支援者が共通理解するようにしています。

　せっかくいい支援ツールであっても，その当事者が使いこなせるタイミングがあると思います。今は有効でなかったけど，5年後，10年後だったら有効に機能することもありえます。そのタイミングが来ても，以前の失敗した経験が邪魔をしてそのツールを避けるようになっては大損害だと思います。

　パラリンピックに出る人たちが使っているさまざまなテクノロジーが詰まっている競技用の義足を，成長期にある子どもにいきなり装着させても使いこなせないでしょう。しかし，周囲が「頑張れ！　頑張れ！」と言って使わせ続けたら「もう僕イヤだ！　こんなの見たくもない！」となってしまうでしょう。その経験は，いくら本人に才能があっても，いくら義足が優れたテクノロジーであってもその芽（可能性）を摘んでしまうことになります。

　その当事者の実態に合っているのかはもちろん，そのケースの困難さ軽減になるツールなのかをよく吟味し，こんな状態になったら中断するという視点も設定してテクノロジーは使っていくべきものだと考えています。

　当事者は，周囲の期待を感じ取っています。それゆえ自分からは No と言えない状況になることもあります。本人が，ここまで譲歩してもらい合意形成したのだからという思いから「成果がある」「効果がある」という結果を出さなければと追い込まないような関わりが支援者側には求められると考えています。

　「有効でなければ，次の方法をまた模索していけばいいのだからね。正直な思いを言ってね。それが，あなただけでなくみんなの生きやすさにつながるんだから言ってね」というスタンスだといいのかもしれません。

第Ⅲ部　当事者からのメッセージ　　**149**

▶ セルフアドボカシーのステップ

　障害者差別解消法がまだ浸透していない今，どのようにセルフアドボカシーを主張していけばいいのかのガイドライン（手引書）や手順表は不可欠だと思います。それは，学校ならば，市役所ならば，病院ならば，というように場所によって異なってくるかもしれません。そして，求める内容によっても異なってくるかもしれません。

　それぞれの場面でどのように求めていけばよいか，ガイドラインや手順表が出されるとうれしいです。

　それだけでなく，どの受付や窓口などにも「配慮が必要な方はお気軽に……」というような表示やマークがあるといいのではないでしょうか。そうした表示やマークを当たり前に目にする社会環境であれば，自分から配慮を求めることへの抵抗感は軽減します。

　そればかりか一般の方の意識改革にも大きく働くと思います。一般の方も，「そうした配慮が必要な方が多くみえるんだ」と認識したり「配慮を求めていくことは後ろめたいことではないんだ」と感じたりするだけでなく「配慮していくことが社会に求められているのだ」と実感することにつながることでしょう。

　このように，セルフアドボカシーのためのステップを障害者だけでなく一般に広めていくことが，より求めやすい環境，より生きやすい社会，そして誰もが過ごしやすい社会につながることだと考えています。

▶ 建設的な対話

　いろいろな前例，事例に触れ，自分の特性を知り，自分に必要な支援配慮が思いついたら実際に交渉に入れるでしょう。その過程を合意形成と言います。その合意形成作業で必要になってくるのは，建設的な対話姿勢でしょう。自分の権利を主張することと自分の権利を擁護することは，一見同じようで違うものだと思います。

　権利を主張するスタンスで合意形成していこうとしてもなかなか落としどこ

ろが見出せないことがありうるでしょう。それは相手がいて，過度な負担にならない範囲で行うことが合理的配慮の在りようなので仕方がないでしょう。しかし，合意形成を主張というスタンスで行っていくと，結局は妥協が求められ，合意形成しても敗北感が伴ってしまいます。

　そこで，セルフアドボカシーのためには主張というスタンスではなく，建設的な対話姿勢で臨んでいくことが重要なのです。

　権利の擁護という視点で物事を考えていくと，配慮として考えることが手段なのか，目的なのかということも見えてきやすいです。そうした本質が見える状況でお互いが建設的対話を積み重ねていけばよりよい合意形成につながると考えています。

　ゴルフというスポーツが，なぜこれほど社会に浸透しているかを考えてみるとハンディキャップというルールがあるからかもしれないと思います。うまい人でもそうでない人でも一緒になって楽しめるルールになっていると思います。

　合理的配慮は，このハンディキャップの数値決めと同じ側面をもっていると思います。一緒にラウンドする仲間の中では，誰にいくつのハンディが適切なのかをみんなで建設的対話の中で考え設定することで，共に大自然の中でみんなと楽しくプレーできます。

　目的は，みんなで楽しくプレーすることで，そのために必要な配慮がハンディキャップという数字なのです。つまりハンディキャップは，優劣をつけるためでなく共生するための合理的配慮と言っていいと思います。

　ハンディキャップを導入していなかったら，ゴルフは衰退していたかもしれません。これだけ競技人口が増えて，プロスポーツにまでなっているのは合理的配慮を紳士的にいち早く取り入れたからではないでしょうか。

　ハンディキャップは，いきなりぴったりの数が当たることはないでしょう。数回やっていくうちに合理的な数値となっていくのでしょう。そのためにもまずはやってみることが重要だと思います。そのことも含めて，お互い建設的対話でスタートが切れるよう心がけられるといいと思います。

　みんなで大自然の中を楽しくプレーするゴルフのように，日々の生活も，みんなが楽しく過ごせるための合理的配慮が浸透していってほしいと願っていま

第Ⅲ部　当事者からのメッセージ　　**151**

す。

▶ 自己選択・自己決定

　建設的な対話の中で合意形成していく過程では，自己選択，自己決定に迫られます。そんなときに，当事者の気持ちの中にわいてくる感情はさまざまです。

　「本当は自分が望んでいる支援ではないけれど，相手も話を聞いてくれて代替案を出してくれている。これに対して思っていることをすべて伝えたら支援はゼロになってしまわないだろうか？　ゼロになってしまうんだったらここで手を打とうか。これからもつき合ってもらいたい相手だから思っていることを全部は言わずにこらえようか……」そんな思いがわいてきます。お互いまだ合意形成に不慣れな時期は，こうしたジレンマはつきものだと思います。そこで大切なのは「自己選択・自己決定」だと思います。

　以前，小学5年生の女の子の「学校での合理的配慮」の話し合いにアドバイザーとして参加したことがあります。その話し合いの場に行って驚きました。なんと小学5年生の女の子は出席メンバーに挙げられていなかったのです。理由を聞くと，「大人が多い中では自分の意見が言えないだろうし負担になるだろうから，お母さんだけの出席で会をもちました」ということでした。

　合意形成には「自己選択・自己決定」は不可欠だと考えていたので，途中からでも出席してもらうことを提案しました。しかし，初めての話し合いの場でもあったので，「自己選択・自己決定」のタイミングに電話で確認することになりました。

　自分のことを自分抜きで決められても自分に合ったものにはなりません。セルフアドボカシーが可能な当事者になるには，「自己選択・自己決定」ができる練習を日頃からしていく必要があると思います。そのためにも合意形成の場には，当事者が同席している必要があると思います。これを基本とし，必要に応じて本人が迷ったときにアドバイスできる人の同席も認めていくことが重要だと考えます。そんな立場になりうる人の開拓もセルフアドボカシーの推進には必要だと思います。

たとえば，特別支援学校のセンター的機能を利用して利害関係のない中立的な人に同席してもらったり，日頃からその子を知っている放課後等デイサービスの職員の方などに同席してもらったりすることは有効だと考えます。そうした輪を広げていくことは，その子の生きやすさを広げることにも直結しうるだけでなく，配慮を提供する側の視野を広げ，より適切な配慮を提供できる団体になっていくことになると思います。

▶ 社会参加から社会貢献へ

　障害者差別解消法のスタート時点では，学びの土俵に上がるための合理的配慮や，社会生活を送るための合理的配慮から取り組まれることが多いと想像します。これは学ぶ権利，生きる権利なので最優先に保障されるべきものだから適切な配慮が一刻も早くなされることを望みます。

　しかし，それで止まっていてはいけないと思っています。学校に通うことが目的ではなく，学ぶことが本来の目的だったことに気が付いて次の段階に進んでいけるといいのではないでしょうか。また最低限の生活を送ることで止まっているのではなく，社会参加して社会貢献に向かっていくことを目的にしていきたいと思っています。

　そのためにそれぞれの場面に応じた支援を構築していく視点が必要だと思います。「移動に関しては」，「食事に関しては」，「トイレに関しては」，「余暇に関しては」など，自分の生活全般に対して必要な環境を構築していく視点ももっている必要があると思います。

　その中で多くの方と接することも出てくるでしょう，そして，その中で自分ができることにも気付いていくでしょう。そうした環境を構築していく中で，自分らしい社会貢献のスタイルが見つけ出せるような気がしています。

　「生まれてきて存在しているだけで価値があること」ですが，その人らしく生きられれば，その人なりの社会貢献の形が見えてくると思います。社会貢献できているという実感は，その人の生きる糧となり，自尊感情を高めることでしょう。そして，それは他者の幸福にもつながることだと思っています。

第Ⅲ部　当事者からのメッセージ　　**153**

才能を発揮できるようにするために

　私の幼少期を知る人たちは，読み書き障害がある私が，これだけの文章が書けるなどと誰が想像していたでしょう。

　うまく思いを発信できなかった私が，こんな視点で合理的配慮に関して考えていたなんて誰が予想していたでしょう。

　適切な理解と支援と環境が整えば，表面化できなかった才能を発揮できることをご理解いただければと思っています。

　少数派と言われたり，発達障害と言われたりする方の中には，定型発達でないお陰でもっている能力があると言われています。「ギフテッド」「2E」「サヴァン」と言われる非凡な能力を発揮できれば，多くの人にプラスの影響を与えることでしょう。

　そうした才能や財産を埋もれさせてしまうのではなく，発揮し合って社会を創造し合えるインクルーシブ社会を一緒に目指していければと考えています。

セルフアドボカシーを推し進めるために

　これまでに述べた視点で，配慮を求める側も提供する側も思いを巡らせると，すべての人が「当事者」と感じ合える関係になれると思います。すべての人が当事者意識に立てれば理想的だと考えています。

　別の言い方をすると「情けは人の為ならず」という感覚になれることで，合理的配慮を自然体で求めたり提供したりできる社会になると思います。

　そちらの方向に向かうことを信じて，「自分が前例，事例になるんだ」，「無理難題を突き付けているわけでなく，すべての人の生きやすさを目指しているんだ」そう思って権利請求，配慮要請をしていきたいと思っています。これが今，セルフアドボカシーを推し進めるために自分にできることだと思っています。

▶事例紹介──どのように配慮を求めてきたか

　障害者差別解消法が施行されて間がないですが，私の半生の中で配慮を求めてきたことをいくつか紹介したいと思います。

(1) 小学校時代の夏休み「課題図書感想文」

　夏休みになると必ず「課題図書感想文」という宿題がありました。班ごとに1冊その課題図書が配られ，お盆前までに5～6人の班全員で回覧して読み，感想文を書いて提出するといった課題でした。当然，本が回ってきても読めませんでした。そこで，毎年，回覧してもらう順番を最後にしてもらう配慮をお願いしました。これは認めてもらえてうれしかった覚えがあります。

　課題図書を読むのは，姉や友人に読んでもらうことを4年生ぐらいまでして対応していました。その後は，読めないことを隠したい気持ちが増してきて，読んでもらうことを頼まずに，あらすじを友だちから何とか聞きだして感想文につなげようとしていました。

　しかし，感想文を書くことも困難でした。作文用紙3枚から5枚が規定でしたが，その文字数を書くことができませんでした。1枚から2枚は何とか書けたのでそれを提出しても，「書き直し！　書き直し！」の嵐でした。そこで枚数の軽減をお願いしました。すると，それは許可されませんでしたが，提出期限を延ばしてもらえました。最終的にどうしたかというと，友だちが提出した感想文を写させてもらい，枚数を満たして提出しました。

　読書感想文という課題の意図は何なのでしょう。読書推進という意味合いと作文力の向上なのでしょうか。それ以上に優先されるねらいは「心の豊かさ」ではないでしょうか。読書の形，作文の形にこだわって本来の読書感想文のねらいに迫れなかったら意味はないと思います。

　現代は，いろいろな読書の形が選択肢として考えられます。そして，作文にもいろいろな方法があります。そうした多様な方法を活用することで本来の「心の豊かさ」というねらいに迫れれば素晴らしいことだと思います。

　私の関わった事例で，読みは電子書籍を活用して読み，感想文は音声入力でキーワードを先に入力し，それを膨らませて書き上げた児童がいます。しか

第Ⅲ部　当事者からのメッセージ　　**155**

し，そうして書き上げた読書感想文をそのままプリントアウトして提出することは認められませんでした。そこで，手書きで原稿用紙に時間をかけて鉛筆で書き写して提出することになりました。

(2) 教科書に斜線（／）を入れて分かち書きにする読みの作戦

　教科書も読むのが困難でした。特に音読することはできませんでした。しかし，文字のまとまりを見つけ出し，字面（図形）として捉えることで意味を想起することは可能です。そこで取っていたのが，文章の中のまとまりごとに斜線を入れる作戦です。そうすることで字面を認識しやすくなります。そうした作戦を取って教科書に細工をして授業に臨んでいました。

　「徳川家康は／織田信長と／同盟し／豊臣秀吉と／対立／臣従した／後／日本全国を／支配する／体制を／確立して／……」というような感じで斜線を入れていました。

　これくらいは学校の先生に許可を得なくても，自分自身の作戦として認めてもらえることだと考えていました。しかし，学校での対応は「お前は教科書に落書きをして粗末にしているから勉強ができないんだ！　教科書には，勝手に書き込んだりしてはいけません！」といったお達しを受けました。そればかりか，その場でその教科書を振り上げ頭を叩かれました。どちらが教科書を粗末にしているのかと考え込んでしまいました。

　本来なら，私がなぜ斜線を入れたのかをそこで説明しきるべきだったでしょう。しかし，そうした説明や建設的対話ができる関係性ではなかったので引き下がるしかありませんでした。日頃からの良好な関係づくりが重要なのだと感じています。

(3) 高校入試に解読用の「白紙の用紙」の持ち込み

　文字の処理が苦手な私は，文章を解読するために白紙の用紙に文章の内容を図式化して文の理解を図っていました。どんな感覚かというと，数学の文章題を別の用紙に図式化して計算式をつくり計算問題を解いていく感覚です。

　試験開始前に試験監督の先生に机上に出す物として，筆記具，ものさし，そして時計以外に「白紙の用紙」を使いたいと願い出ました。私としては，「白

紙の用紙」であることをその場で見てもらえれば許してもらえるだろうと思っていました。しかし，「前例がない」，「こんな試験の直前に言うな」ということで認められませんでした。

どの時期に誰に申し出れば，高校入試で配慮が得られるようになるのでしょうか？　これは今でも多くの当事者や保護者が不安に感じていることだと思います。多くの自治体の教育委員会はガイドラインを作っていたり，すでに来年度入学者選抜試験に関する配慮の手順を示したりしています。しかし，それが担任教師までは伝わっていない状況です。

担任の先生だけでなく，進路指導担当者や管理職にも早めに要望を伝えていくことが重要だと感じています。

(4) 大学入試での配慮

私は普通に受験しては合格しないことは自覚していました。そこで，普通の試験でない学校を探しました。すでに自衛官であった私は，夜間の短大を受験しました。社会人枠で受けられたため，教養試験は口頭試問という形でした。

試験官が「『運動の法則』について身の回りの現象をいくつか挙げて説明してください」といった感じで出題してくれました。それを筆記で答えるのではなく口頭で答えればよかったので非常に助かりました。

こうした形での知識理解の確認もありだと思います。試験のねらいを達成するためにはいろいろな形を用いてもいいのではないかと考えています。

(5) 大学入学後の配慮

夜間の短大であっても文字を介しての学びが中心でした。私は，その学びには困難がありました。しかし，私が通うことになった夜間の短大は，クラスメイトは18歳から65歳まで幅広い年齢層で，昼間の仕事もそれぞれが異なった職種のいろいろなポストで頑張っている仲間たちでした。そんな多様なクラスメイトだったので，板書をカメラで撮影したり，講義をカセットテープで録音したりすることは，仲間からも学校からも問題視されませんでした。

また，定期試験でも，自筆のノートなら持ち込み可であったり，教科書も持ち込み可であったり，電卓も使用可で助かりました。機械工学科ということも

第Ⅲ部　当事者からのメッセージ　**157**

あってか，何を知っているかではなく何ができるかが重視されていました。

　そのために調べられることは覚えなくてもいい。それよりも設計図が引けたり，強度計算ができたりすることが求められ，その他の負荷となる要因は削減されていたので助かりました。こうした本質を見据えることに主眼を置けば，試験方法も柔軟にできたり多様な方法も認められたりできると思います。

▶ おわりに

　オリンピックのメダリストでさえ，多くの支援を受けてその業を成し遂げています。支援を受けることは人の本質的なことだと思います。障害者が，困難さを周囲に伝えられれば，必要な配慮は得られると思います。困難さがあることは恥ずかしいことでも劣っていることでもありません。人として人間らしく生きるために，また，自分らしく社会に存在し貢献するためにセルフアドボカシーをしていこうではありませんか。

　オリンピックを目指す選手とパラリンピックを目指す選手が一緒になって練習をしたら，お互いの記録が伸びたというニュースを目にしました。これは，お互いが心の部分から歩み寄り，尊重し合い刺激を受け合った成果かもしれません。分ける教育や社会ではこの効果は得られないままだったでしょう。

　また，提供する側も広い意味で「当事者」です。高齢化社会に突入した日本では，誰しも当事者になりうることは容易に想像できます。だとしたら，「当事者」vs「提供者」の構図でなく，誰しも自分事のように考え，前例がなければ，自分がパイオニアになればいいのです。後に続く人たちのためにも，この時代に生きて存在している者として共に頑張ろうではありませんか。

158

おわりに

　私自身，長年教育相談を行ってきたこともあり，出会った頃は幼児，児童であった子どもたちが成長して，青年となり再会することも多くなりました。友人関係や進路などで悩み，苦労している姿に遭遇することも多いですが，社会人として活躍し，充実した日々を過ごしている青年にも，しばしば再会します。

　青年期は，心が揺れ動く時期で，安定していないことが自然なことと言えるかもしれません。ただ，自立に向けて羽ばたこうとする彼らの姿をみたとき「幸せになってほしい」と願うのは，支援に関わった人の共通した想いでしょう。幸せな明るい未来，自立に向けた支援の準備として，いったいどの時期に，どのような支援が必要なのでしょうか。これは，多くの人が知りたいテーマではないでしょうか。

　私は，発達障害のある青年へのさまざまな支援を展開するなかで，多くの人に共通して「困ったときに，1人で悩むのではなく，誰かに相談できるかな？ 家族以外で，相談できる人はいるかな？」「自分では，どうしようもない難しいことに直面したとき，自分の状態を説明して，誰かに助けを求めることができるかな？　初めて会った人に対しても，自分がしてほしいことを分かりやすく伝えることができるかな？」と自分を見つめてもらいます。つまり，セルフアドボカシースキルを発揮することができるか，あるいは自分の周りの他者とのつながりはどのようになっているかを必要に応じて図式化しながら確認していきます。自ら積極的に他者，そして社会へとつながりを求めるためには，実際に他者，あるいは社会から助けられたという経験を積んでおくことも大切になると感じています。障害のある子どもたちへの教育や支援は，本人のスキル獲得支援はもちろんですが，家族，家族以外の他者，社会とどうやってつながっていくか，その環境を整え，情報を提供すること，さらには家族以外の他者や社会とつながる経験も欠かせません。

　本書は，セルフアドボカシーという新たなテーマについて，理論と実践面から紹介を行いました。日本では，まだセルフアドボカシーという用語について

も，十分に認識されてはおらず，課題も多いと思われます。日本における発達障害のある人のセルフアドボカシーをどのように育み，それを評価し，そしてまた支援を行っていくのか，その理論も実践も，さらなる進展が求められます。本書をきっかけとして，我が国において発達障害のある人へのセルフアドボカシーを巡る支援の輪がひろがり，豊かで幸せな人生を歩んでいくことにつながる一助になることを願っています。

小島　道生

付記：本書の研究は，JSPS 科研費 JP21730725, JP24730765, JP15K04566 の助成を受けたものです。

執筆者紹介（執筆順）

片岡　美華（かたおか・みか）編者・鹿児島大学学術研究院法文教育学域教育学系准教授

　［担当：第Ⅰ部-第1章，第2章-第2節，第3章-3，第3章-4，第Ⅱ部-実践事例1の解説，実践事例5の解説］

小島　道生（こじま・みちお）編者・筑波大学人間系准教授

　［担当：第Ⅰ部-第2章-第1節，第Ⅱ部-実践事例2の解説，実践事例3の解説，実践事例4の解説］

吉井　勘人（よしい・さだひと）山梨大学大学院総合研究部教育学域教育学系准教授

　［担当：第Ⅰ部-第3章-1，第3章-2］

金丸　彰寿（かなまる・あきとし）神戸大学大学院人間発達環境学研究科博士課程後期課程

　［担当：第Ⅱ部-実践事例1］

北岡　大輔（きたおか・だいすけ）和歌山大学教育学部附属特別支援学校教諭

　［担当：第Ⅱ部-実践事例2］

川尻　友美（かわしり・ともみ）鹿児島市立吉田南中学校教諭

　［担当：第Ⅱ部-実践事例3］

小谷　裕実（こたに・ひろみ）京都教育大学発達障害学科教授

　［担当：第Ⅱ部-実践事例4］

福元　康弘（ふくもと・やすひろ）鹿児島県立中種子養護学校教諭

　［担当：第Ⅱ部-実践事例5］

神山　忠（こうやま・ただし）岐阜市立岐阜特別支援学校 教諭

　［担当：第Ⅲ部］

編者紹介

片岡　美華（かたおか・みか）

鹿児島大学学術研究院法文教育学域教育学系准教授。奈良教育大学大学院修士課程修了後オーストラリアのクィーンズランド大学博士課程に留学。博士（教育学）。奈良佐保短期大学，武庫川女子大学非常勤講師を経て，現職。専門は，障害児教育学，諸外国のインクルーシブ教育など。おもな著書に『オーストラリアにおける「学習困難」への教育的アプローチ』（共著，文理閣，2006），『発達障害・知的障害のある児童生徒の豊かな自己理解教育を育むキャリア教育：内面世界を大切にした授業プログラム 45』（編著者，ジアース教育新社，2014），『新しい特別支援教育のかたち：インクルーシブ教育の実現に向けて』（分担執筆，培風館，2016）など。

小島　道生（こじま・みちお）

筑波大学人間系准教授。博士（教育学）。兵庫教育大学助手，長崎大学教育学部講師・准教授，岐阜大学准教授を経て現職。専門は，発達障害心理学，知的障害心理学など。おもな著書に『「自尊心」を大切にした高機能自閉症の理解と支援』（編著，分担執筆，有斐閣選書，2010），『発達障害のある子の「自尊感情」を育てる授業・支援アイディア』（単著，学研，2013），『思春期・青年期の発達障害者が「自分らしく生きる」ための支援』（編著，分担執筆，金子書房，2013）など。

事例で学ぶ　発達障害者のセルフアドボカシー
——「合理的配慮」の時代をたくましく生きるための理論と実践

2017年9月29日　初版第1刷発行　　　　　　　　　　　　　　　［検印省略］

編著者　　片　岡　美　華

　　　　　小　島　道　生

発行者　　金　子　紀　子

発行所　株式会社　金　子　書　房

〒112-0012　東京都文京区大塚3-3-7

TEL 03-3941-0111㈹

FAX 03-3941-0163

振替　00180-9-103376

URL http://www.kanekoshobo.co.jp

印刷　藤原印刷株式会社　　製本　株式会社宮製本所

© Mika Kataoka, Michio Kojima, et al.,2017

Printed in Japan

ISBN 978-4-7608-2661-2　C3037